ビジュアル版

中世騎士の武器術

The Martial Arts of the Medieval Knight

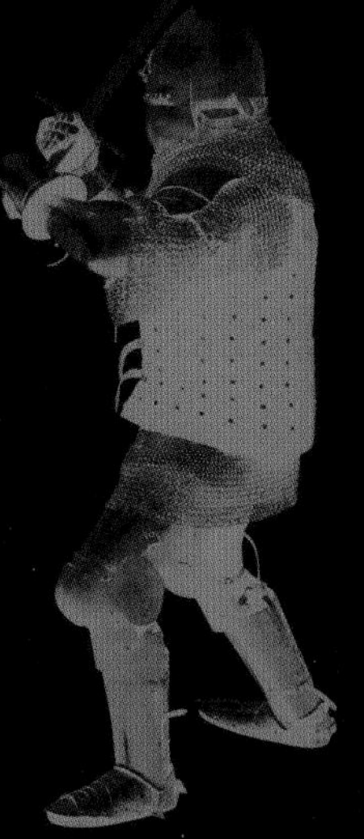

著：ジェイ・エリック・ノイズ
（キャッスル・ティンタジェル代表）
円山夢久

by Jay Eric Noyes
(Head Instructor, Castle Tintagel)
& Muku Maruyama

新紀元社

目次 CONTENTS

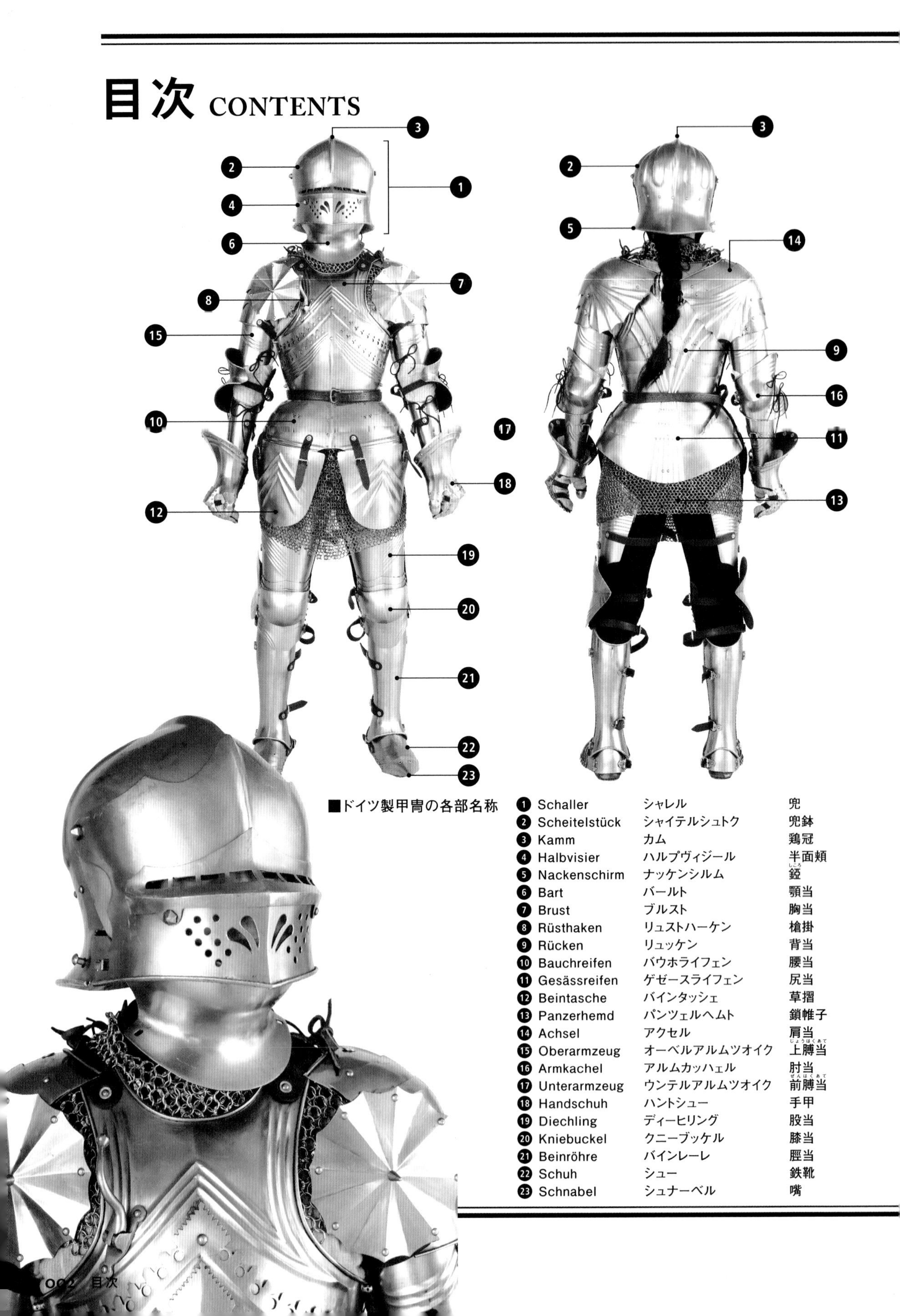

■ドイツ製甲冑の各部名称

No.	Deutsch	カタカナ	和名
1	Schaller	シャレル	兜
2	Scheitelstück	シャイテルシュトク	兜鉢
3	Kamm	カム	鶏冠
4	Halbvisier	ハルプヴィジール	半面頬
5	Nackenschirm	ナッケンシルム	錣
6	Bart	バールト	顎当
7	Brust	ブルスト	胸当
8	Rüsthaken	リュストハーケン	槍掛
9	Rücken	リュッケン	背当
10	Bauchreifen	バウホライフェン	腰当
11	Gesässreifen	ゲゼースライフェン	尻当
12	Beintasche	バインタッシェ	草摺
13	Panzerhemd	パンツェルヘムト	鎖帷子
14	Achsel	アクセル	肩当
15	Oberarmzeug	オーベルアルムツオイク	上膊当
16	Armkachel	アルムカッハェル	肘当
17	Unterarmzeug	ウンテルアルムツオイク	前膊当
18	Handschuh	ハントシュー	手甲
19	Diechling	ディーヒリング	股当
20	Kniebuckel	クニーブッケル	膝当
21	Beinröhre	バインレーレ	脛当
22	Schuh	シュー	鉄靴
23	Schnabel	シュナーベル	嘴

はじめに

「騎士道」の世界へようこそ

あなたは騎士になりたいですか?

答えが「イエス」なら、おめでとう! こんな良い時代に生まれ合わせたあなたはすばらしくラッキーです。

というのも、インターネット時代の幕開けとともに、世界中に散らばっていた、剣や鎧、歴史を愛する人々が、距離を超えて繋がり合い、知識を共有したり励まし合ったりすることが、昔よりずっと容易になったからです。

中でもHEMA (Historical Europian Martial Arts) グループの活躍には目を見張るものがあります。今や欧米諸国では、様々な史実再現イベントや、鎧を着けて戦う大規模なトーナメントが盛んに開催されており、その多くが彼らの貢献によるものといっても過言ではありません。

そんな中、私ジェイ・ノイズは、母国アメリカで、創設以来20年以上にわたってHEMAに所属し、知識と情報を蓄積してきました。本書でご紹介する技術はすべて、私と、世界中のHEMA研究家の仕事にもとづくものです。

ひと口に「騎士の戦い」といっても、その世界は非常に奥深く、多岐にわたります。これらを総括する学問の名称として、私は、日本語の「騎士道」という言葉を選びました。本書は、あなたが騎士道の技術と哲学を学び、騎士への道を踏み出す第一歩となるでしょう。

なぜ今「騎士道」なのか

とはいえ、あなたは疑問に思うかもしれません。

「なんで今さら騎士道なんだ?」と。

「護身術としては、どうみても時代遅れだし……」

「練習は大変そうだし……」

「鎧とか、盾とか、特別な装備を用意しなきゃならないだろうし……」

いずれももっともなご意見です。しかし、それでも私はあなたに、この武道を強くお勧めします。というのも、上記の事情をさしひいてもなお、騎士道には良いことがたくさんあるからです。

第一に——すべてのスポーツにいえることですが——いい運動になります。

第二に——すべての格闘技にいえることですが——自信がつき、あなた自身に対する満足度が大幅に上ります。

第三に——すべての伝統的な武道と同様——これは非常に知的、かつ哲学的なスポーツです。

だったら他のスポーツ、格闘技、武道でもいい? 確かにそのとおり。しかし騎士道の良いところはそれだけにとどまりません。

本書を手にとったあなたは、おそらく、子どものころにファンタジーやSFを読みふけり、あるいは数々のアドベンチャー映画に夢中になったことがおありでしょう。騎士や戦士として戦いたい、肩に鎧の重みを感じ、両手剣を、あるいはポールアクスを、実際に振ってみるのはどんな感じがするのだろう、と夢見たことがおありでしょう?

騎士道は、まさに、あなたのその夢を実現するスポーツです！　どうか想像してみてください。ピクセルとパラメータでできたバーチャルな鎧ではなく、手触りも重みもすべて本物の鎧をまとい、試合場に立つご自身の姿を。どうです、わくわくしませんか？

もうひとつ、ファンタジーやSF、アドベンチャーストーリーになくてはならない要素として、志を同じくする、刺激的で才知に富んだ個性的な仲間たちの存在があります。騎士道は、あなたのそうした夢もかなえてくれます。

現在私が主宰している二つの騎士道団体、キャッスル・ティンタジェル[注1]とジャパン・アーマードバトル・リーグ[注2]には、様々な分野で活躍中の才能豊かな人々が集まっています。漫画家や作家、イラストレーターやデザイナーといったクリエイター系の職業から、医療従事者、システムエンジニア、教育関係、流通業から国家公務員にいたるまで、業種も年齢も性別も、そして国籍も様々な人々が、ひとしく学びの場に集っているのです。

伝統的な武道とは異なる、活気に満ちたこの空気を、あなたもぜひ味わってみてください。

共に騎士を目指す者として、いつか、どこかであなたにお会いできることを願ってやみません。

［注1］日本で唯一、本格的な西洋中世剣術が学べるスクール。詳細は199ページ。
［注2］本書の著者ジェイ＝ノイズが、日本国内でアーマードバトルの公式戦を行うために創設したリーグ。2013年より活動開始。

Part 1

騎士道の基礎知識

Basic Knowledge

HEMA、騎士道、バトル

喜ばしいことに、ここ数年、日本でも歴史的な武術を嗜む人が増えてきました。その結果、様々な人たちが、思い思いの呼び方で、この新しい競技を呼ぶようになっています。いわく「HEMA」、「騎士道」、「アーマードバトル」、「ヘヴィファイト」などなど。

本章では、その中でも特に重要な用語についてご説明したいと思います。

◆ HEMA

HEMAは“Historical European Martial Arts（歴史的ヨーロッパ武術）”の略で、世界各地でこの武術に関わっている人々の間で広く通用する名称です。

開祖から弟子へ、そのまた弟子へと連綿と引き継がれてきたアジア世界の武道と違い、中世ヨーロッパの武術は、近代以前に一度断絶してしまっています。そのため、これを復元するには、かつてその武道が行われていた時代に書かれた史料や、後代の研究家の手になる文献、当時の絵画や彫刻といった芸術作品の研究・検証が不可欠です。

現在復元されている当時の武術の中でも最も有名なのは、ドイツのリヒテナウアースタイルとイタリアのフィオーレ・ディ・リベリの流派です。その他にもポーランド風、ヴァレンシュタイン流など、分派や細かなサブカテゴリーまで含めれば、その数は枚挙にいとまがありません。

HEMAを学ぶ上で最も重要なのは、それぞれの技術を、史料に記述されたとおりに厳密に再現することです。この作業は、時に非常な困難をともないます。というのも、当時の史料を読み解くことは、現代人の我々にとって決してたやすくないからです。

たとえば挿絵ひとつ取っても、当時の画家たちが必ずしも剣術やレスリングのテクニックに通暁していたとは限らず、そのため、彼らの描いた構図や体の向きがおかしなものになっていることもしばしばです。

それでもHEMAを学ぶ者は辛抱しなければなりません。なぜなら、本の記述を忠実に守っているうちに、いずれ著者の意図が判明する日がくるからです。時に、それは突然の衝撃的な啓示という形で訪れることもありますが、多くは勤勉さと粘り強さの賜物です。

HIMAを学ぶ者は、また、常に開かれた心でいなければなりません。たとえば、あるグループが、ある技について一定の解釈をし、その解釈に基づいた練習やスパーリングを長年続けてきたとします。ところが後日、その技について、より正確で優れた解釈が発見される、ということがあるわけです。新たな解釈が学術的に裏づけられれば、グループの解釈もそれに則って変更されなければなりません。個々の研究者やグループの（「我々の解釈こそが正しい」というような）プライドは、当時の技をより良く理解するという目標を決して妨げてはならないのです。

◆ 騎士道

"Chivalry"の訳語としての**騎士道**という言葉には、19世紀ヨーロッパで普及していた、ロマンティックな部分だけが過度に強調された騎士道文化のイメージがあります。

しかし私は、この言葉を、一連の学科カリキュラムをさす用語として再定義しました。

ここでいう騎士道には、HEMAを始め、当時用いられた様々な武器の研究、騎士として戦うために必要な哲学やトレーニング、戦闘理論、理論の実践としてのスパーリングなどが含まれます。

ファイターたちは、歴史的な技術を学ばなければなりません。また、HEMAとして実践する以上、戦いでは歴史的に実在した技法を率先して使わなければなりません。ただし史料や文献でカバーされていない部分については、騎士道は、今ある情報は何であれ活用します。騎士道は成長途上の学問です。というのも、毎年新たなHEMAの発見があり、翻訳がなされ、新たな歴史観や考察が生まれるたびに、変化と成長を続けていくからです。

現在の騎士道は、主にドイツのリヒテナウアーを祖とする剣術に焦点を当てていますが、将来的には、イタリアの剣術を含む他のスタイルもスキルベースに加えたいと考えています。これは、ドイツスタイルとイタリアスタイルを混合する、ということではなく、イタリアスタイルという新たな科目がもうひとつ増えるイメージです。

◆ バトル

最後に**バトル**ですが、これは、騎士道における戦いの訓練として行うさまざまなスパーリングシステムをさします。騎士道においては、騎士道そのものと、その訓練として行うスパーリングシステムとは、明確に別物としてとらえなければなりません。

スパーリングには、ルールや制限が不可欠です。でなければ試合中の事故や殺人を避けることはできません。そういった意味で、スパーリングは決して本物の戦いにはなり得ず、本質的な欠陥を内包しているといえるでしょう。

ところが、数多くスパーリングをしていくうちに、あたかもスパーリングこそがその武道そのものである、と錯覚するケースが出てきます。

実際、多くの武道では、武道そのものと、武道の実践として行うスパーリングシステムが分かちがたく結びついています。たとえばボクシングですが、「ボクシング」と聞いて皆さんが真っ先にイメージするのは、あの四角いリングと、グローブをつけたボクサーではないでしょうか。誕生当初は素手で行われていたボクシングは、時代と共にルールが整備され、現在のスタイルになりました。そのため、現代のボクサーたちは、リングで戦うテクニックや、大きなボクシンググローブの使用を前提とした攻撃と防御の技術を磨くことになります。

当初は本物の剣で戦われていたフェンシングも、今では競技に使用する剣のスペックが細かく規定されています。オリンピックフェンシングで使われる、非常にしなやかな細い剣は、その剣なしには成立し得ない様々なテクニックを生み出しました。

どちらのケースからも、その競技をする者たちが、限定されたルールの中で競争力を上げようと切磋琢磨した結果、おおもととなった武道ではなく、スポーツライクに変化したゲームのプレイヤーとして進化してきた様子がおわかりいただけると思います。

このような事態を避けるため、騎士道では、学術・研究的な側面と、技術の実践として行うスパーリングシステムとを明確に分けて定義しました。騎士道の授業では当時使われていた歴史的なテクニックを学び、バトルでそのスキルを実践するわけです。
前述したとおり、ルールや規定で縛る以上、スパーリングは決して本物の戦いにはなり得ません。それでも様々なルールセットを設定することで、ファイターたちは重要なスキルを練習する機会を得ることができます。
バトルには、平服での戦いを想定した**ライトバトル**と、鎧をつけて戦う**アーマードバトル**があります。
ライトバトルには、パンチ・キック・投げなしの**ビギナールール**と、それらすべてが許可される**アドバンスルール**のほか、**ファーストタッチルール**のように、勝ち方を規定したルールセットがあります。各ルールの細かい内容については付録の187ページを参照してください。
アーマードバトルのルールセットは、当時の騎士の実戦テクニックにより近い戦い方ができる**ハニシュフェヒテン**Harnischfechtenと、中世のトーナメントファイトを模した**ボハート**Buhurtスタイルに大別されます。
ハニシュフェヒテンでは突きや急所に対する攻撃、倒れた敵を攻撃することが制限付きで許可される代わり、安全性を考慮してラタン製のシミュレーター（剣や槍の形をした練習用の道具）を使用します。
ボハートでは鉄製のシミュレーターを使いますが、実戦ではなく試合としてデザインされているため、突きや急所に対する攻撃、倒れた敵に対する攻撃などは一切禁止です。
ハニシュフェヒテンとボハートの細かいルールについては付録の188ページをご参照ください。
バトルは騎士道のスポーツ的・競合的な側面です。バトルの最中、技を磨き、己の卓越性を追求しているときでさえ、騎士道の本質に誠実でいること、歴史的なヨーロッパ武道を練習し再現することへの真摯な姿勢は常に不可欠です。

01 騎士道とバトルの相関図

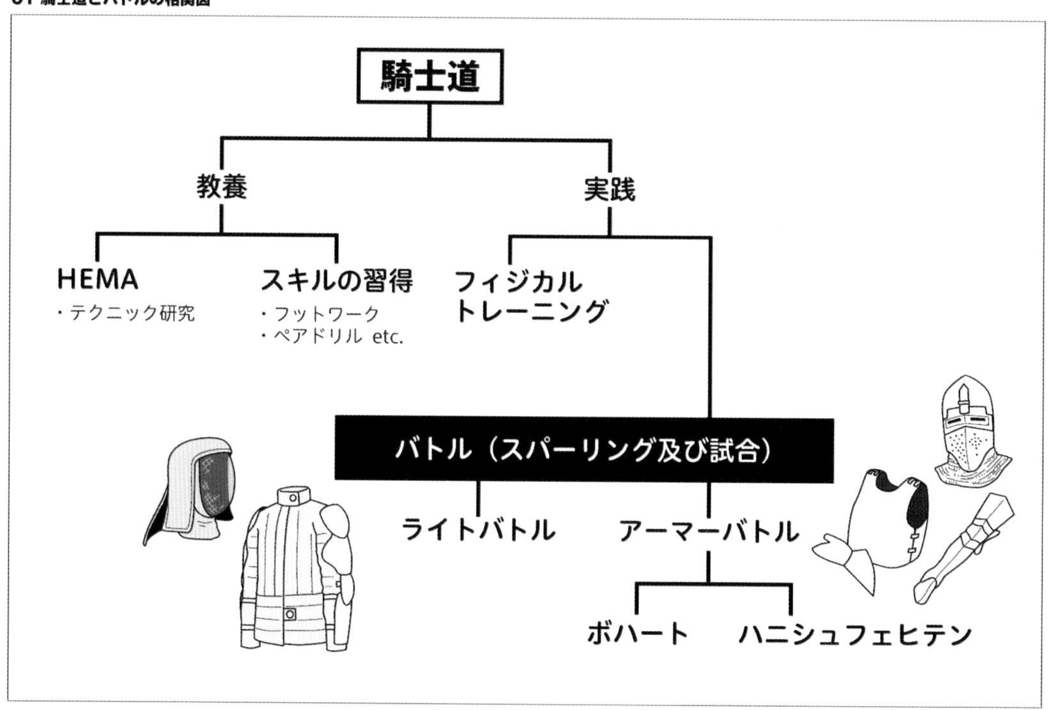

鎧のレベルと戦い方の違い

映画に登場する騎士の戦いは、非常にドラマティックです。剣や盾を派手に打ちつけ合い、クライマックスではヒーローがヘルメットを投げ捨てて決め台詞を叫びます。

これらはあくまで物語上の演出であり、格好良くはありますが、歴史に忠実とはいえません。不正確なイメージはさておき、まずは現実的な鎧の話から始めましょう。

騎士の身を守る装甲のレベルは、下はまったくの鎧なしから、上は全身プレートアーマーで固めた重装備にいたるまで、グラデーション状に存在します。また、すべての騎士が、全身を同じ強度のパーツでコーディネートしていたわけでもありません。

たとえばある騎士は鋼鉄製の強いヘルム（防御力・高）をかぶっているが、胴体部分は鎖帷子だけ（防御力・並）、脚鎧にいたってはひとつも持っていない（防御力・ゼロ）などということは日常茶飯事でした。

このような事態が起きる理由はさまざまです。騎士たちの懐事情はそれぞれでしたし、産業の発達度合いや、材料調達が容易かどうかも地方によって違いました。

鎧そのものの快適性や利便性も、着る者にとっては大問題です。どんなに強度の高い鎧であっても、極端に着心地が悪かったり、実用的でなかったりすれば役に立ちません。

「完全なる保護は完全なる不動」とは私が作った格言ですが、全身くまなく守ろうとすれば、全体の重量が増すだけでなく、脇の下や膝裏などの可動域まで覆うことになり、これでは本末転倒になってしまいます。

誰がどのようなシチュエーションで着るかによっても、鎧の組み合わせは変わります。

貧しい城で、一日中歩哨をつとめなければならなかった衛兵は、申し訳程度のヘルムに、詰め物をしたジャケットだけで間に合わせていたかもしれません。戦場に赴く古参兵は、長期にわたる行軍中、自分の物はすべて自分で担いでいくことを考慮して、装備はヘルムと胸鎧だけに留めたかもしれません。荷物はすべて馬に積み、前日に戦場入りできるくらい財力のあった騎士だけが、頭のてっぺんから足のつま先まで美々しく鎧で固めていたことでしょう。

鎧、すなわち防御力のレベルが異なれば、当然それに見合った戦術とスキルが必要になってきます。その時々の状況によって、どのようなテクニックを使うのが最善かは、研究者によって意見の分かれるところですが、ここでは騎士の防御力を、次の3レベルに分けて説明していきます。

[1] 鎧なし Unarmored

装備は服だけの状態です。あなたの相手がこの状態なら、次の3つの攻撃が有効です。

打撃： 致命傷を負わせるチャンス大。力よりコントロールが重要。
突き： 致命傷を負わせるチャンス大。ただし狙いが正確であること。
スライス： これだけで致命傷を負わせるチャンスは最小。

鎧なしの戦いでは、相手を速やかに衰弱させるような攻撃がしばしば登場します。相手を弱らせ、戦力や抵抗力を削ぐことは非常に重要だからです。

鎧なしの戦いは、距離を取って向き合ったところから踏み込んでいくか、至近距離で互いの剣が交わった状態（バインド）から、相手の武器をコントロールすることで行われます。

鎧なし

[2] 軽装備 Lightly Armored

布と革でできた鎧から、鎖帷子までのレベルの鎧をさします。この状態の相手には、以下の2つの攻撃が有効です。

強力な打撃： 鎧越しでも相手にダメージを与えるだけの強い威力が必要。
有効な突き： 鎧を貫通できるほど強力な突き、または鎧の継ぎ目や、鎧で覆われていない場所を狙った突きのみが有効。

鎧なしの状態と違い、スライスは、鎧で覆われていない場所を正確に狙ったもの以外、相手にほとんど影響を及ぼしません。

軽装備の戦いは、必然的に近接戦が多くなります。ひとたび近づいてしまえば、互いに離脱するのが難しく、レスリングになる可能性が高くなります。

軽装備：写真は綿入りのジャケットの上に鎖帷子を装備した、軽装備の中でも比較的防御力の高い例。脚鎧はつけていない。戦いでは頭部にヘルムをかぶる。

[3] 重装備 Heavily Armored

鎖帷子の上にコート・オブ・プレート[注3]を着こんだスタイル、およびプレートアーマーをさします。この状態の相手には、以下の攻撃だけが有効です。

鎧のない部分への突き：掌、頸部、鼠径部、膝の後ろ、脇の下など。

この状態の相手に、打撃はほとんど通用しませんが、まったく無意味かといえばそうでもありません。たとえば頭部への強烈な打撃は、相手の意識を一瞬失わせたり、気を散らせたりするのに役立ちます。また、肘などの関節や鎧の継ぎ目を狙った打撃は、相手の身体や鎧にダメージを与えることができます[注4]。スライスについては、完璧な状況で、完璧な部位に対して行われたもの以外すべて無効です。

上記の理由から、重装備のファイターの戦いは速やかに接近戦に移行します。ひとたび組み合えば離脱は困難です。レスリングは不可避であり、戦いはしばしばダガーによる首や鼠径部への数回の攻撃で終わります。

[注3] 布または革製の上衣の内側に小板状の金属板をリベット留めした胴鎧。
[注4] 競技ルールでは、安全性を考慮し、関節技や相手の鎧を故意に破壊する行為は禁止されています。

重装備-1：鎖帷子の上にコート・オブ・プレートを重ね着し、脚に板金鎧をつけたスタイル。戦いでは頭部にヘルムをかぶる。

重装備-2：フルプレート

Part 2

基本のスキル

Basic Skills

基本のスタンス
Basic Stance

　スタンスとは、戦うときの足の位置と姿勢です。
　オリンピックフェンシングのような1対1のスポーツファイティングでは、競技者は正面の敵にだけ集中していればよく、そのスタンスはしばしばランジ（片足を大きく前に踏み出した姿勢）になります。しかし、次にどこから攻撃がくるかわからない状況下では、そのようなスタンスで対応することはできません。
　本章では、足場の悪い戦場で戦う、あるいは1人で複数の敵を相手にするといった不安定な状況でも、柔軟に対応できるスタンスを学びます。
　まず、写真を見ながら基本のスタンスで立ってみましょう。初めての方は、鏡でご自分の姿勢をチェックしながら行ってください。

1. 両脚を揃え、つま先をまっすぐ正面に向けて立ちます。

2. 右足の爪先を斜め45°に開き、そのまま斜め45°後ろに引きます。このときの足幅は、自分の肩幅くらいです。

3. 膝を軽く曲げ、腰を落とします。踵はやや浮かせ、両足の爪先で体重を支えます。重心は開いた両足の中心にくるようにし、頭頂部が天井から糸で吊られているようなイメージで、背筋は自然に伸ばしてください。

4. このとき、どちらの膝もそれぞれの爪先と同じ方向に向けてください。膝と爪先の位置がずれていると、様々な故障の原因になります。

ありがちな間違い Common Mistakes

a）尻が突き出し、全身が内側に入ってしまっている

b）膝が内側に入り、爪先が前を向いていない

c）身体が後ろにのけぞっている

d）背骨が丸まり、猫背になっている

e）膝がまっすぐ伸びきっている

f）重心が一方に偏っている

基本の足さばき
Basic Footwork

剣や盾の扱いといった上半身のテクニックに比べ、下半身のテクニックである足さばきは、しばしば過小評価されがちです。実際には足さばきこそが剣術の要であり、習熟が難しい技術でもあります。

騎士道の基本の足さばきには、**ステップ**、**パス**、**スロープパス**の3種類があります。

順に学んでいきましょう。

ステップ Step

前の足が先に出る足さばきです。ステップ後も、前足と後足の位置関係は変わりません。

基本のスタンスで立ちます。

左足を前に踏み出します。

右足を引きつけ、基本のスタンスに戻ります。

ありがちな間違い Common Mistakes

a）ステップのたびに体が上下にバウンドする

b）バランスが取れておらず、ステップのたびに身体が前後にぶれる

c）前足の膝と爪先が正面を向いていない

パス Pass

普通に歩くときのように、後ろの足が先に前に出る足さばきです。前足と後ろ足の位置が交互に入れ替わります。

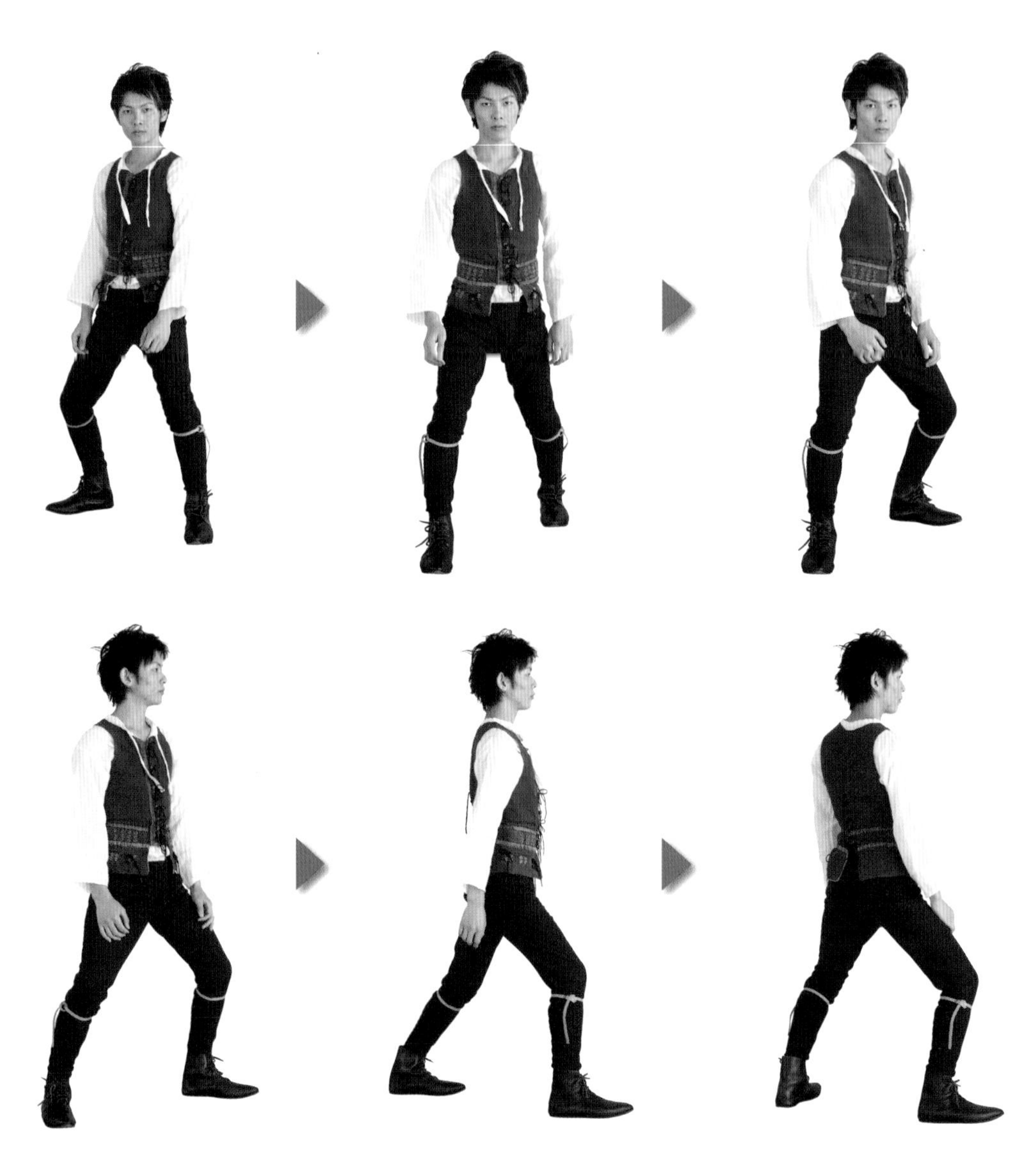

基本のスタンスで立ちます。

右足を前に踏み出します。このとき、両足の爪先はどちらも正面を向いています。

左足の爪先を45°に開きます。このとき、踵を床につけないこと。爪先だけで足を回してください。

ありがちな間違い Common Mistakes

d）パスするたびに体が上下にバウンドする

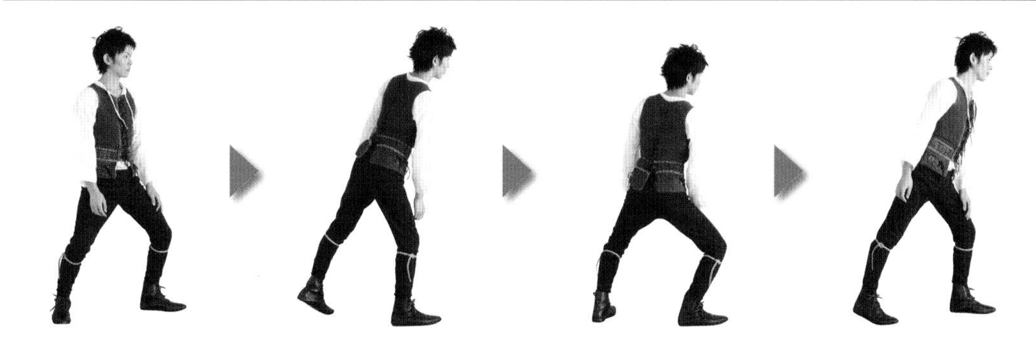

e）バランスが取れておらず、パスするたびに身体が前後に揺れる

f）膝が内側に入っている。

g）後ろの足を前に踏み出すとき、半円状に踏み出している（カウボーイ歩き）

スロープパス Slope Pass

ステップやパスをした後は、体が正面を向きますが、スロープパスをした後は体の向きが斜め45°に変わります。突進してくる敵や、相手の武器の軌道を避けるときに便利な足さばきです。前足と後ろ足の位置は交互に入れ替わります。

基本のスタンスで立ちます。

右足を斜め45°、自分から見て右前方に大きく踏み出します。このとき、両足の爪先はまっすぐ前を向いています。

左足を引き寄せ、爪先を45°開きます。このとき、踵ではなく爪先で回るようにしてください。これで最初の位置から右斜め45°前方に移動することができました。

ありがちな間違い Common Mistakes

h）後ろ足を引きすぎ、体がねじれてしまっている。

i）前に踏み出すときに腰が伸びてしまい、
結果的に体が上下にバウンドする

j）着地したとき、前の膝がねじれている

k）後ろ足をひきずる（写真なし）

5つのスキルカテゴリー
5 Skill Categories

それでは、いよいよ騎士になるためのトレーニングを始めましょう。
本書では、騎士の戦闘スキルを、以下の5つのカテゴリーに分け、それぞれ章を立てて説明しています。

1. レスリング（組み打ち）
2. ダガー
3. 片手剣と盾
4. 両手剣
5. ポールアームと槍

各章とも「イントロダクション」でそのスキルの基本的な考え方や武器の持ち方・構え方を説明し、「基本の攻撃」で、初心者がまず覚えておくべき攻撃の型をご紹介しています。「応用の攻撃」にあるテクニックは、あなたが練習を積み重ねていけば、いずれはこのような技が使えるようになる、という道筋を示すために載せました。まずは「基本の攻撃」に掲載した技をきちんとできるようになるまで、繰り返し練習してください。

Part 3

レスリング（組み打ち）

Wrestling

イントロダクション
Introduction

映画や物語には、鎧をつけた騎士たちが組んず解れつの取っ組み合いをする場面はほとんど出てきません。しかしながら、実際には、騎士たちは幼いころからレスリング（組み打ち）を練習していました[注5]。レスリングは彼らのスポーツであると同時に、戦いの訓練でもあったからです。

中世の決闘の多くが、最終的にはダガーによるレスリングで決着したと伝えられています。敗者は鎧の隙間をダガーで突かれ、首や急所に多くの刺傷を受けて死亡しました。

鎧をつけての戦いは、その性質上、近接戦が主になります。鎧はファイターの防御力を飛躍的に高めるため、しばしば、致命傷を与える前に相手が近づいてくるからです。押さえ込まれて動きを封じられれば、ダガーでとどめをさされてしまうでしょう。組み合った際、自他ともに攻撃できる体勢でなければ、戦いは、相手より有利な位置をとるためのレスリングに移行していきます。

こんにち、歴史的な武道を研究する多くのグループが、試合を武器のみの戦いに限定し、レスリングを禁止しています。こうしたルールは、格闘経験のない初心者も安心かつ安全に練習でき、当時の戦いを（ごく一部とはいえ）体験できる、という貴重な利点がある一方、「歴史的な武道の再現」という観点からは、深刻な弊害を招くおそれがあります。

というのも、本来ならば行われていたはずのレスリングを完全に排した戦いは、もはや歴史の再現とはいえず、その戦いのありようも、当時のそれからかけ離れた方向に変化していってしまうからです。

安全性をじゅうぶん考慮しつつも、本来の戦いのありようは変えず、いかに歴史的にリアルな戦いを再現するか？　という点に、私は常に腐心しています。

［注5］中世における組み打ちの教師として、もっとも影響力があったのは、15世紀オーストリアのレスリングマスターであったオット・ジュード（洗礼を受けたユダヤ人のオット）でした。

レスリングの基本概念
Key Concepts

◆ 鎧の制限事項 Restrictions in Armor

【1】バランス Balance

鎧を着慣れていないうちは、普段より転倒しやすく、投げられやすくなります。というのも、鎧の有無で重心の位置が変化するからです。

通常、身体の重心は、男性ならばへそのあたり、女性ならへそのやや下にあります。

鎧を着ると、重心の位置が10cmかそれ以上、上にきます。鎧を着たら、意識して重心を下に置くよう心がけてください。

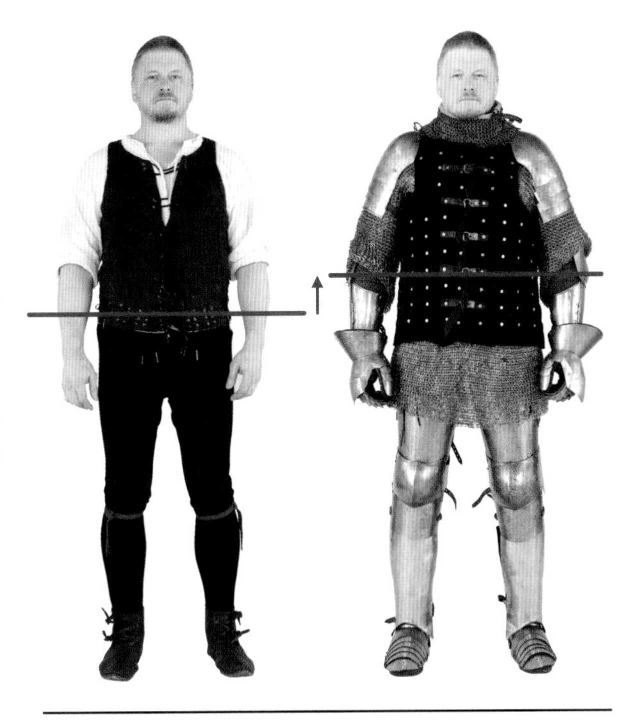

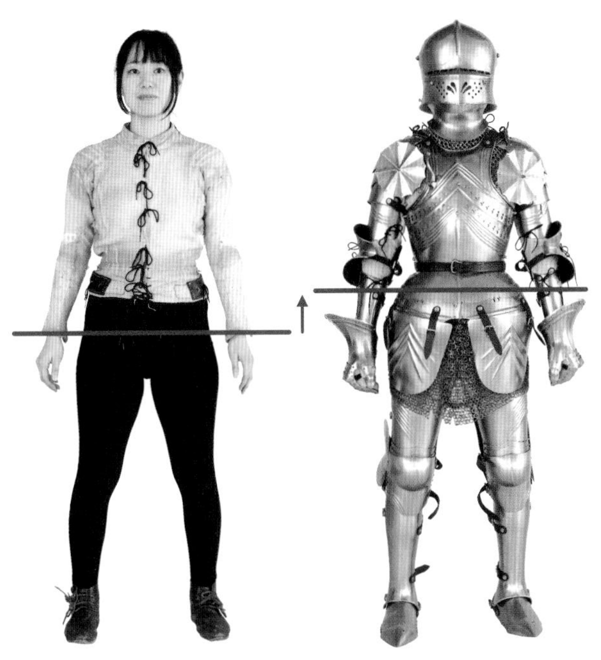

【2】グリップ Grip

ガントレットをつけると、素手のときより物をつかみにくくなります。また、鎧特有のパーツや突起によって、グリップが困難になることもあれば、逆に容易になることもあります。中世に描かれた絵画では、多くの騎士がガントレットなしで戦っていますが、これはおそらく少しでもグリップを良くするためだったのだろうと考えられます。

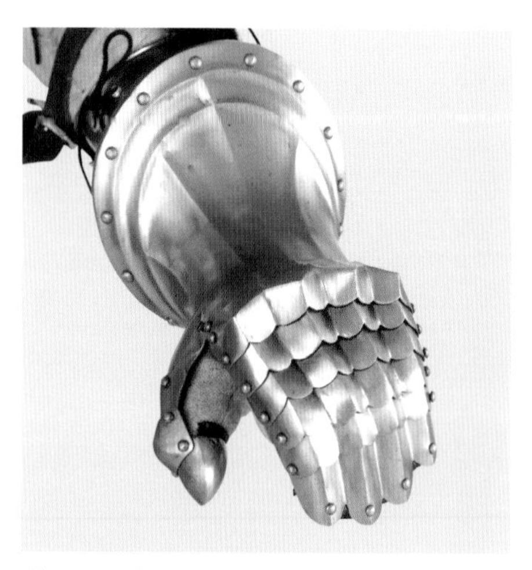

ガントレットをつけているときは、
素手のときより物をつかみにくくなります。

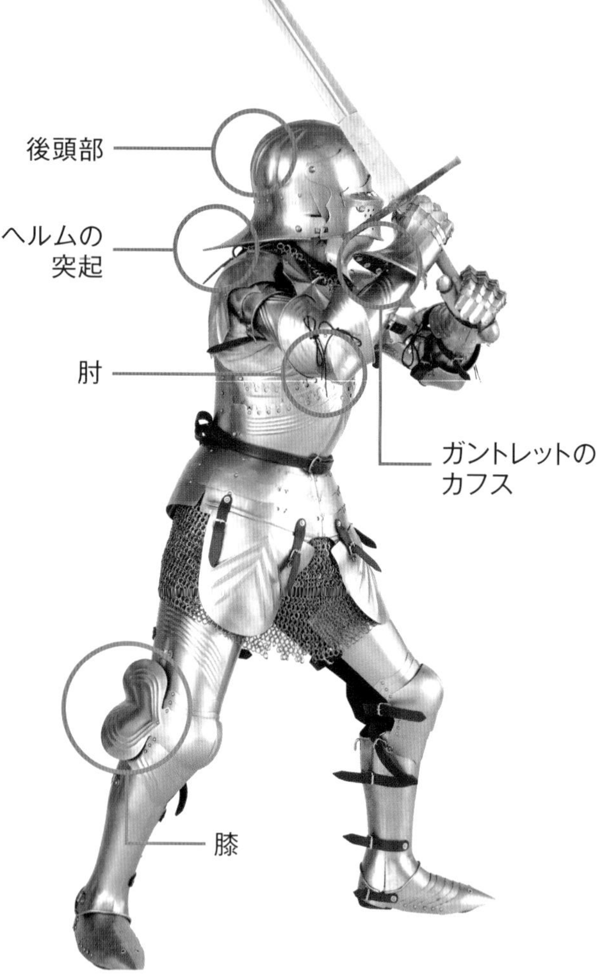

◯印の箇所は、レスリング中相手をコントロールしやすいポイントです。

【3】視界 Visibility

ヘルムをかぶると視界はかなり制限されます。レスリングができるほど近づけば、その範囲はさらに狭まり、ファイターは目よりも自分の身体感覚[注6]に頼って戦うことになります。こうした身体感覚は、戦いを繰り返すことで養われていきます。

［注6］ここでいう身体感覚（proprioperception）とは、目を閉じていても自分の手足がどこにあるかわかり、動かすこともできるという誰にでも備わっている感覚のことです。鏡を見なくてもシャツの首元のボタンを留められたり、体の後ろで紐を結んだりできるのは、この感覚があるからです。

このようなクローズタイプのヘルムをかぶると、視界は非常に狭くなります。

◆ 武器を利用したレスリング Weapons as Wrestling Tools

レスリングでは、ロングソードやポールアームなどの長い武器を梃子のように使い、相手を倒すことができます。

ハーフソードレスリングの例 Half-Sword Wrestling

ロングソードを梃子のように使い、相手を倒す瞬間。

※この技の詳細については「両手剣」132ページを参照してください。

ポールアームレスリングの例 Polearm Wrestling

ポールアームも同様の使い方をすることができます。

※この技の詳細については「ポールアームと槍」165ページを参照してください。

基本のグリップ Basic Grips

中世の教則本のほとんどが、レスリングの技をグリップごとに分けて書いています。相手のどこをグリップするかで、相手との距離や体勢が変わり、そこから出せる技も変わってくるからです。以下に載せたのは基本的なグリップです。相手との距離が近づくにつれ、体勢がどのように変わっていくか、注意しながら見てください。

腕のグリップと胴体のグリップ Grip at the Arms and Grip at the Body

基本の攻撃 1 相手の股間を狙った蹴り

Groin Kick

中世の戦いでは、相手の膝や急所を蹴ることは普通に行われていました。現代の試合では安全性を考慮し、急所や膝への蹴りは禁止されています。以下にご紹介する写真も、股間ではなく腹を蹴っています。

※王冠マークのついた人物が、この技をデモンストレーションしています

本来は爪先ではなくかかとで蹴ります。全体重を前に移動し、股間を蹴り抜くイメージで。

※写真は事故防止のため、
わざと後ろ寄りの重心で蹴っています。

基本の攻撃２ 相手の膝を狙った蹴り

Knee Kick

当時の技術の紹介として掲載していますが、この蹴りの使用は練習時・試合時を問わず厳禁です。また、撮影時は相手の膝を壊さないよう細心の注意を払い、本来は前重心で蹴るべき部分を、あえて後ろ重心で蹴っています。

※王冠マークのついた人物が、この技をデモンストレーションしています

全体重を前に移動し、
相手の膝を踏み抜くイメージで。

※写真は事故防止のため、
わざと後ろ寄りの重心で蹴っています。

基本の攻撃3 ヘッドプル
Head Pull in Armor

相手の頭を掴んで引き倒すテクニックです。戦いの中で、非常にしばしば用いられます。鎧を着けた状態で見てみましょう。

※王冠マークのついた人物が、この技をデモンストレーションしています

01

相手との距離がレスリングレンジ（179ページ）まで近づきました。

02

両腕を素早く相手の後頭部に回します。

03

相手の頭をしっかりと抱え込み……

04

相手の頭を押し下げながら……

05

素早く後ろに下がります。

基本の攻撃4 リフティングスロー

Lifting Throw

相手のバランスを崩して倒すテクニックのひとつです。鎧を着けた状態では重心位置が上がるため、わずかに傾けるだけでも倒すことができます。

※王冠マークのついた人物が、この技をデモンストレーションしています

01

両者の距離がレスリングレンジ（179ページ）まで近づきました。

02

相手の背後に素早く回り込み……

03

腰を落とし、両腕で相手のへそのあたりをしっかり抱えます。ここに重心があるからです。相手が女性の場合は、男性より重心の位置が低い（027ページ参照）ため、へそのやや下を抱えましょう。

04

腰を落とした状態から膝を伸ばせば、相手は楽に持ち上がります。腕力だけで上げようとしないこと。写真ほど高く上げなくても、相手の足が少し浮くくらいで十分です。

05

足が浮いたところで、相手の重心をずらすように傾ければ……

06

相手はバランスを崩して倒れます。

応用の攻撃 1 リアヒップテイクダウン
Rear Hip Takedown

相手の抵抗を利用した投げ技です。鎧の有無に関わらず、非常によく使われるテクニックです。

※王冠マークのついた人物が、この技をデモンストレーションしています

01

肩と腕のグリップ（029ページ）からスタートします。

02

相手の腕をつかみ、斜め下に引っ張ると、相手はこれに抵抗し、反射的に体を起こそうとします。

03

そのタイミングで、相手の体をしっかりつかんで前に踏み出します。このとき、自分の体を相手に密着させること、自分のお尻の脇を使い、相手の体がS字になるように押しのけるのがポイントです。

04

相手がバランスを崩すので……

05

そのまま後ろに倒します。

応用の攻撃２ リアヒップテイクダウン２
Rear Hip Takedown in Armor

同じ技を、鎧を着た状態で見てみましょう。

※王冠マークのついた人物が、この技をデモンストレーションしています

01

相手がレスリングレンジ（179ページ）まで近づいてきました。

02

今回はヘッドプル（032ページ参照）からスタートします。

03

相手の頭を引き下ろそうとすると、相手が抵抗して体を反らすので……

04

そのタイミングで相手の体をしっかり抱え、前に踏み出します。相手の体に密着すること、自分のお尻の脇で、相手の体がS字になるように押しのけるのは鎧なしの時と同じです。

相手のバランスが崩れれば……

あとはそのまま倒すだけです。

応用の攻撃３ ショルダーニーリアスロー
Shoulder-Knee Rear Throw

リアヒップテイクダウン２と同様、ヘッドプルから始まりますが、こちらは相手の膝を取って倒すテクニックです。

※王冠マークのついた人物が、この技をデモンストレーションしています

01

相手にヘッドプルを仕掛け……

02

強く引き下ろすと相手は抵抗します。

03

そのタイミングで腰を落とし、相手の肩の前と膝の裏側に手を差し込みます。

04

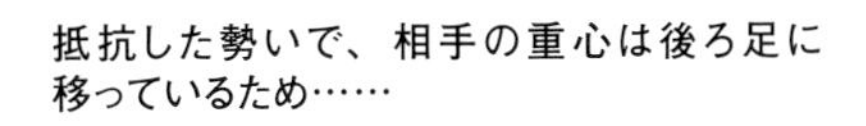
抵抗した勢いで、相手の重心は後ろ足に
移っているため……

05

相手の膝を抱えたまま体を起こせば、前足は簡単に浮かすことができます。このとき、相手の体が後ろ足を軸に回転するように、肩を押すのがポイントです。

06

相手はバランスを崩して倒れます。

応用の攻撃４ ショルダーニーリアスロー２
Shoulder-Knee Rear Throw in Armor

同じ技を、鎧を着た状態で見てみましょう。相手がヘッドプルを仕掛けてきたときも、同じ技を使うことができます。

※王冠マークのついた人物が、この技をデモンストレーションしています

01

相手がヘッドプルを仕掛けてきたら……

02

その肘を下から押し上げ、払いのけます。

03

相手はこれに抵抗し、肘を押し下げようとします。

04

このとき、相手の肘の下に自分の腕をすべりこませながら……

05

相手の膝を裏側から抱えます。このとき、もう一方の腕を相手の肩から斜め上にすべりこませ、相手の顎を押し上げるようにすると、相手がバランスを崩しやすくなります。

06

相手の顎を押しながら、下半身の力で膝を抱えたほうの腕を引き上げると……

07

相手はバランスを崩して倒れます。

Studying "Forbidden" Techniques

中世に書かれたレスリングの教本には、スポーツの試合として行うには危険過ぎる技がたくさん載っています。当時、本物の戦いで使われた蹴りは、ほぼ全てが相手の膝や股間を狙ったものでしたし、関節を逆に捻じる技や、両手の親指で相手の目玉を潰す技、耳を引きちぎる技なども使われていました。

15世紀の剣術家ジュード・ルー Jud Lewは、レスリングの際、相手のヘルムの隙間に土や汚れたぼろ布などを押し込むことを推奨しています。

たとえば二人のファイターがグラウンドレスリングにもつれこみ、一方が上になったとします。その時、すかさず地面の土をすくって下になった相手のヘルムのアイスロット（目のところに空いている穴）に流し込めば、戦いを有利に運ぶことができます。

あるいはあらかじめ汚れた布などを用意しておき、隙を見て相手の顔に押しつける、といった戦法も有効です。

いうまでもなく、このような技はどれも現代のスパーリングでは厳禁ですが、当時の戦いぶりを知る上で貴重な情報といえるでしょう。

COLUMN

Part 4

ダガー
Dagger

イントロダクション
Introduction

　中世におけるダガーの技はいくつかの論議を呼んでいます。ダガーは、あきらかに鎧を着けての近接戦に特化した形状をしているにもかかわらず、当時の史料では、鎧なしの戦いにおいても、似たような戦闘スタイルが多く見られるからです。
「ポールアームよりダガーのほうが危険だ」と言われたら、皆さんは奇妙に思われるでしょうか？　しかしこれは事実です。ダガー対ダガーの戦いでは、勝利者側も決して無傷ではいられません。というのも、ダガーは他の武器と違い、バインド（武器同士が交叉した状態）で相手の攻撃を無効化するのが困難だからです。

基本のグリップ
Basic Grips

ダガーの握り方には、下記の二種類[注7]があります。

逆手 Reverse Grip

　アイスピックを持つときのように、切っ先が小指側、柄頭が親指側にくるように握ります。中世の教則本には、このグリップがもっとも多く登場します。鎧の中まで貫き通すには、こちらのほうが便利だからです。
　後述する基本の構えも、ほとんどがこのグリップです。

順手 Forward Grip

　手の甲を上にしたグリップです。切っ先が親指側、柄頭が小指側にきます。

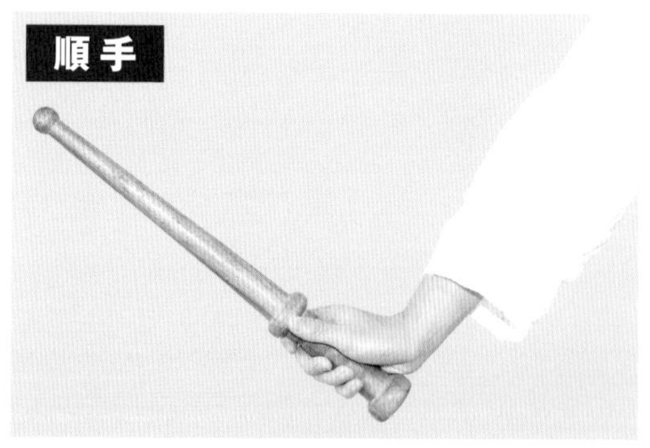

[注7] グリップについて「オーバーハンド」「アンダーハンド」という用語が使われるケースもありますが、本書では混乱を避けるため、「順手」「逆手」で統一します。

基本の構え
Basic Guards

全ての武器は、下記の4つの位置で構えることができます。

- **ハイ・オンサイド**
- **ハイ・オフサイド**
- **ロー・オンサイド**
- **ロー・オフサイド**

ダガーのような片手武器の場合、「オンサイド」は武器を持っている手の側、「オフサイド」は持っていないほうの側と覚えてください。

ダガーで戦うときの基本的な注意点 Dagger Fighting Tips

[1] ダガーを大振りしないこと
どの一撃も正確で強力でなければなりませんが、
そのために動作が大きくなってはいけません。

[2] 常に複数回攻撃すること
ダガーでは、一撃で敵を倒すことはできません。

[3] 常に切っ先の延長線上に標的がくるように練習すること
これで敵をまっすぐ突くことができます。
特に逆手のときは、切っ先が下を向きやすいので要注意です。

ハイ・オンサイド High Onside

ロー・オンサイド Low Onside

ハイ・オフサイド High Offside

ロー・オフサイド Low Offside

順手のロー・オンサイド Low Onside with Forward Grip

順手でもハイ・オンサイドやロー・オフサイドに構えることはできますが、初心者には難しいので、まずはこのロー・オンサイドができるように練習してください。

基本の攻撃 1 ハイ・オンサイドからの攻撃
Attack from High Onside in Armor

ハイ･オンサイドの構え（048ページ）から、相手の首を攻撃するまでの流れを見てみましょう。

※王冠マークのついた人物が、この技をデモンストレーションしています

ダガーをハイ・オンサイドに構えます。標的は相手の首です。相手も鎧を着ているため、ヘルムと胴鎧の隙間を狙います。

武器が先、体が後になるように踏み出します。同時に左手で相手のダガーをブロックします。

03

相手のダガーをブロックしたまま、ヘルムと胴鎧の隙間を突きます。激しい戦いの中では、最初の一撃は、ほぼ確実にミスします。必ず複数回刺しましょう。

基本の攻撃２ ロー・オンサイドからの攻撃

Attack from Low Onside

ロー・オンサイドの構え（048ページ）から、急所の一つである相手の脇の下を攻撃するまでの流れです。相手に動きを読まれないように、通常はハイ・オンサイドの構えからスタートしますが、ここではわかりやすいように、ロー・オンサイドに移行したところから写真を載せています。

※王冠マークのついた人物が、この技をデモンストレーションしています

01

ハイ・オンサイドからロー・オンサイドに移行した直後のボディ・ポジション。相手のダガーをブロックするための左手と、攻撃するための右手が出ています。この時点ではまだ足を踏み出していない点に注目してください。攻撃は必ず武器が先、体が後です。

02

ダガーを持った右手と、ブロックのための左手が伸びきったところ。この時点でダガーの切っ先がターゲットにきちんと向いていれば、後はまっすぐ踏み込むだけです。

03

足を踏み出し……

04

相手のダガーをブロックしながら、脇の下を何度も刺します。

基本の攻撃3 ハイ・オフサイドからの攻撃
Attack from High Offside

続いて、ハイ・オフサイドの構え（049ページ）からの攻撃です。オフサイドからの攻撃は、オンサイドからよりも射程が短く、相手が防御しやすいため、通常はオンサイドに構えてからオフサイドに移行するのが一般的です。しかしここではわかりやすいように、最初からハイ・オフサイドの構えで撮影しています。ターゲットは相手の首です。

※王冠マークのついた人物が、この技をデモンストレーションしています

01

突き始めのボディ・ポジション。相手もハイ・オフサイドの構えです。この時点で、すでにダガーの切っ先はまっすぐターゲットを狙っているところに注目してください。

02

左手とダガーを前に出してから足が動き始めます。

03

左手で相手のダガーを持った手の肘を押します。こうすることで相手の攻撃を封じることができます。

04

後ろ足を前に踏み出しながら相手の肘を押し下げ、その上からダガーで相手の首を刺します。上体がしっかり相手のほうに前傾している点に注目。初心者は特に、上体を反らせてしまいがちなので気をつけましょう。

基本の攻撃４ 順手のロー・オンサイドからの攻撃
Attack from Low Onside with Forward Grip

最後に順手（046ページ）の攻撃例をご紹介します。突きの際、力が入れやすく、ディフェンスもしやすいのは逆手のグリップですが、相手の股間を狙うときや、相手が鎧を着ていないときは、順手のグリップが便利です。

順手のグリップはレンジが長く、力は弱くなる。
逆手のグリップはレンジが短く、力は強くなる。 と覚えましょう。

※王冠マークのついた人物が、この技をデモンストレーションしています

01

順手のグリップでロー・オンサイドに構えたところ。ダガーの切っ先は相手の股間を指しています。

02

武器が先、体が後になるように足を踏み出し……

03

04

ダガーが相手の股間に命中。左手はこのときも相手のダガーをブロックしています。

応用の攻撃１ グラブアンドスタブ

Grab and Stab

ディスアーム（武装解除）テクニックのひとつです。自分は丸腰の状態で、敵がダガーで攻撃してきたとき、どのようにそれを防ぎ、どのように相手のダガーを奪うか、順を追って見ていきましょう。なお、今回の撮影では、ディスアームの手順がわかりやすいように、ダガーを持ったモデルのほうは素手ですが、試合では、どちらも必ずガントレットを着用します。

※王冠マークのついた人物が、この技をデモンストレーションしています

自分は武器を持っておらず、敵はダガーでこちらの首を狙っています。

02

敵が踏み込んできたら、相手のダガーと手首の間に左手を差し込んでブロックします。

Point！「武器が先、体が後」はどんな時も鉄則ですが、今回のように丸腰の場合は「腕が先、体が後」になります。

03

左手はそのまま、右手の甲で、相手のダガーの切っ先を、自分から見て右前方に向かって押します。相手の掌側の、小指側から人差し指側に向かって押すイメージです。

04

ダガーが回り始めたら、右手でブレードを掴みます。もし本物の戦いなら、このとき、ダガーで自分の手を怪我するかもしれません。しかし自分が刺されるよりずっとましです。

05

ブレードを握って奪い取り、切っ先で相手の首を突きます。

06

相手も鎧をつけているので、ヘルムと胴鎧の隙間を突くようにします。この時も、必ず複数回攻撃しましょう。

応用の攻撃２
順手のロー・オンサイドアタックに対するディスアーム
Disarm Against Low Onside with Forward Grip

これもディスアームのテクニックです。股間を狙った順手のロー・オンサイドからの攻撃（048ページ）に対し、素手で相手の武器を奪い、反撃するまでの流れを見てみましょう。

※王冠マークのついた人物が、この技をデモンストレーションしています

01

相手が順手のロー・オンサイドに構え、こちらの股間を狙っています。こちらは丸腰です。まず、両手を相手のダガーを持った手に向かって伸ばし始めます。

02

この時も「腕が先、体が後」です。

03

相手の手首を両手で上から押さえつけるように掴みます。相手は何度も突きにくるので、両手でしっかりつかむようにしましょう。

04

ダガーの刃を相手の人差し指から小指側に向かって押します。このとき、右手でダガーを押し下げる一方、相手の手首を掴んだ左手は上げるようにします。

05

相手がダガーを放したら、右手でそのままダガーを奪います。

06

奪ったダガーで相手の股間を狙います。左手は相手の右手を逃げられないようにしっかり掴みます。

07

左手で相手を引き寄せるようにしながら、相手の股間を何度も突きます。このとき、高い確率でダガーを落としてしまうことがありますが、そうなった場合はレスリングに移行します。

応用の攻撃３
ハイ・オンサイド・アタックに対する防御〜投げまでの流れ
Defence Against High Onside Attack:Left-Hand Block and Throw

ダガーで攻撃してくる敵に対するテクニック、続いては防御から投げに至るまでの流れです。

※王冠マークのついた人物が、この技をデモンストレーションしています

敵がハイ・オンサイドからこちらの首を狙っています。こちらは丸腰です。

02

相手がダガーを振り下ろす前に左手でブロックします。

03

ブロックの際は左腕を伸ばし、できるだけ相手の肘を押さえるようにします。押さえる箇所が手首に近いと、防御は難しくなります。

04

腰を落とし、右手を相手の膝の内側に差し込み……

05

左手で相手の右肘を下へ、右手で相手の右膝を上へ持ち上げるように力をかけると相手のバランスが崩れます。

06

このときのポイントは、腕力ではなく、腰を落としたところから立ち上がる脚の力を使って相手の体勢を崩すことです。

07

これで相手が倒れます。

応用の攻撃 4
ダガーの両手持ちテクニック／引き倒し
Double-Handed Dagger Takedown

続いて、両手持ちのダガーによる引き倒しのテクニックを見てみましょう。ここでは手順が見やすいように、勝者の位置を左側にしています。

※王冠マークのついた人物が、この技をデモンストレーションしています

01

敵がハイ・オンサイドでこちらの首を狙っています。自分はロー・オンサイドです。

02

左手を伸ばし、内側から相手の腕をブロックします。

03

相手の首にダガーをかけ、両端を両手で掴みます。

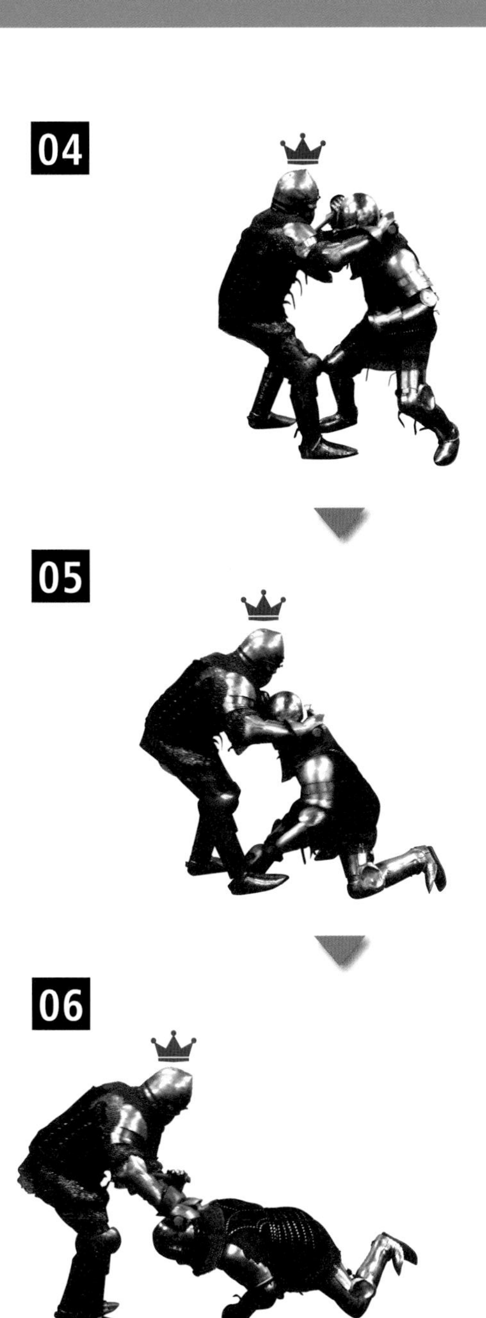

そのまま相手の頭を自分のほうに引き下げます。相手の首ではなく、頭を引くようにすること。首を引かれても抵抗することができますが、頭を引かれると重心が変わり、バランスを崩しやすいからです。自分のへそに向かって引き下ろすのがポイントです。

相手の頭が近づいてきたら、素早く後ろに下がります。レスリングのヘッドプル（032ページ）の要領です。

そのまま地面に倒し、とどめを刺します。

ダガーの試合：練習と実践

Dagger Sparring : Practice vs. Competition

キャッスル・ティンタジェルが開催するライトバトル（鎧なしの状態を想定した戦い。187ページ）の公式戦には、現在「両手剣」「片手剣と盾」「ポールアーム」の３種目がありますが、「ダガー」という種目はありません。ダガー対ダガーの戦いは、勝敗の判定が非常に難しいからです。

小回りのきくダガーは、数秒もあれば相手を何度も攻撃できます。猛烈なスピードでお互いに何度も刺し合えば、双方とも負傷は避けられず、結果、勝敗の判定は「より致命度の低い傷を負った方の勝ち」となります。

しかし、試合中に「どちらがより致命的な攻撃をしたか」を瞬時に判断するのは、熟練したレフェリーにとっても至難の業です。といって、判定基準を先手必勝ルール——「先に攻撃を当てたほうが勝ち」としてしまえば、ファイターたちはそのルールに特化した戦い方をするようになり、「中世武術の再現」という本来の目的から外れてしまいます。

よって、ライトバトルではこの種目を採用していません。

とはいえ、これは私たちが鎧なしのダガーでスパーリングを一切しないということではありません。クラスではダガーファイトについて学びますし、スパーリングも行います。ただし勝敗の判定は総合的に行い、判定結果が間違っているかもしれないということは誰もが承知の上で戦います。

一方、アーマードバトルの試合では、ファイターたちは常にダガーを装備しているものとみなします。アーマードバトルのルールでは、ダガーは鎧の隙間に対する攻撃のみ有効なので、（全身が攻撃対象となる）ライトバトルより判定が容易だからです。

接近戦からレスリングへ、そしてグラウンドファイトへともつれこんだとき、互いにダガーで相手の鎧の弱点を突こうと格闘する様子は、中世のリアリスティックな戦いにかなり近いでしょう。

COLUMN

Part 5

片手剣と盾

One-Handed Sword and Shield

イントロダクション
Introduction

中世において、盾は非常にポピュラーな防具でした。

キャッスル・ティンタジェルでは、初心者クラスで両手剣（099ページ）と共に、片手剣と**バクラー**という小型の円盾の扱い方を学びます。中級クラスに上がると、そこに**ヒーターシールド**［注8］という大型の盾が加わります。スパーリングでは、他にも、パビスやヴァイキングシールドなど、さまざまな盾を使う人がいます。片手用の武器は剣のほか、メイスやアックス、ファルシオンも使えます。

本章では、武器は片手剣、盾はバクラーとヒーターシールドを使いながら、片手武器と盾の基本的な扱い方を学んでいきましょう。

［注8］こう呼ばれるようになったのはビクトリア朝以降。形状が当時のアイロン（ヒーター）に似ていたことから。

片手剣とバクラー

片手剣とヒーターシールド

片手剣とパビス（参考）

基本のグリップ
Basic Grips for One-Handed Sword

片手剣の握り方には、以下の三種類があります。

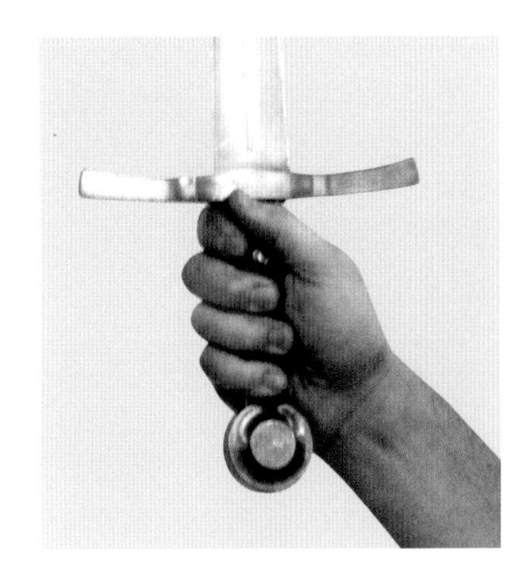

ハンドシェイクグリップ Handshake Grip

名前のとおり、握手するように剣の柄を握ります。このとき、人差し指の第一関節が刃の下にくるように、掌の向きを少しずらします。

握りは薬指と小指が最も強く、この二本の指だけでも剣を握れるくらいにしてください。中指と人差し指は柄(つか)を支える程度です。刃の向きを変えたいときは親指を使います。

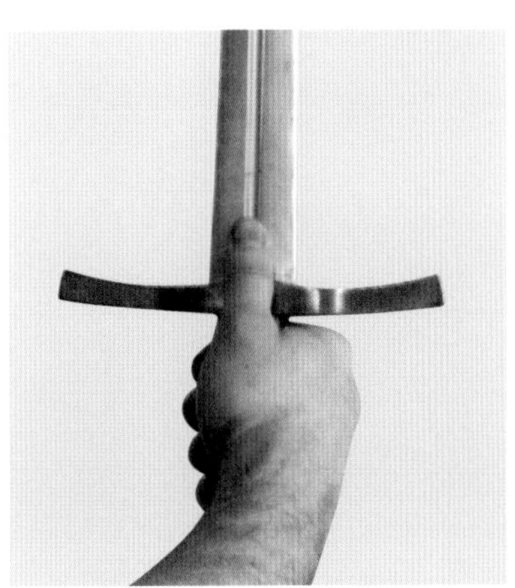

サムグリップ Thumb Grip

親指が剣の平(ひら)の中央にくる握り方です。突きをするときはこの握り方が便利です。戦っている間は、ハンドシェイクグリップになったりサムグリップになったり、状況に応じて握りが変化します。

ハンマーグリップ Hammer Grip

金槌を持つような握り方です。戦いの最中、やむなくこのような形になったり、ガントレットの仕様によっては、この握り方しかできないことがあります。ただし、剣のコントロールは格段にしにくくなるため、可能なかぎりハンドシェイクグリップかサムグリップで戦うようにしましょう。

基本の構え（盾）
Basic Guards for Shields

バクラーとヒーターシールドの構え方を覚えましょう。どの盾も、構え方の原則は同じです。**盾は常に体より前に構えること**。

盾を持って戦う場合、あなたの右半身と左半身はそれぞれ違う動きをします。戦いの間、利き手に持った武器は前後左右にめまぐるしく動きますが、盾は常に前に突き出し、自分の手や体を守るようにしましょう。

バクラーの構え方

バクラーは肘を伸ばし、できるだけ遠くに突き出して構えます。表面積が小さいため、体に密着させてしまうと、守れる範囲が狭まるからです。

バクラーの向こうから強力なライトがあなたを照らしたとき、なるべく多くの部分がバクラーの影になるように構える、と覚えるとイメージしやすいでしょう。自分の視野をふさがないように、やや斜めに構えます。肘は伸ばしますが、ロックしないように気をつけましょう。

ヒーターシールドの構え方

ストラップに腕と掌を通し、体より前に構えます。このとき、盾の上縁が常に自分の鼻を覆うようにすること。理由は、あなたが盾を上げるスピードより、敵が剣を振り下ろすスピードのほうが速いからです。相手があなたの頭に剣を振り下ろすとき、あなたの盾が鼻より下に下がっていては防御が間に合いません。

自分の視野をふさがないように、斜めに構えるのはバクラーと同じです。このとき、盾の下のとがった部分（**ポイント**と言います）を写真のようにやや前に突き出すようにしましょう。

基本の構え（片手剣）

Basic Guards for One-Handed Sword

続いて、片手剣と盾を一緒に構えてみましょう。ドイツ剣術では、構えや技にそれぞれ特有の名前がついています。ここでは構えの型とともに、名前も覚えていきましょう。

中世の教則本には、ひとつの構えに様々なバリエーションがあったり、同じ名前でもまったく違う構えが載っていたりすることがあります。後世の研究家や剣術家の間で解釈が分かれ、未だに議論が続いているゆえんです。

本書では、数ある構えの中でも、初心者が最も覚えやすく、また、そこから技が出しやすいものを抜粋してご紹介しています。

フォムターク Vom Tag

「フォムターク」は「上から」または「屋根から」という意味です。切っ先が上、柄が下になるように剣を持ち、胸から上で構えます。写真の他にも様々な角度のフォムタークがありますが、初心者のうちは、正面から見たとき、剣の角度が斜め45°になるように構えましょう。

【オンサイドのフォムターク】
十字鍔（キヨン）の先がまっすぐ標的に向いていること。初心者のうちは、剣の平（フラット）を敵に向けてしまいがちです。正面から鏡を見たとき、剣の刃が面ではなく線に見えるように構えましょう。

大きく振りかぶったこの形もフォムタークのバリエーションです。鎧を着た相手には、全身を使った威力のある斬りが必要になるため、しばしばこのような構えになります。

【オフサイドのフォムターク】

バクラーは前に突き出したまま、盾の側で剣を斜め45°に構えます。剣を持った手が盾より前に出ないようにしましょう。

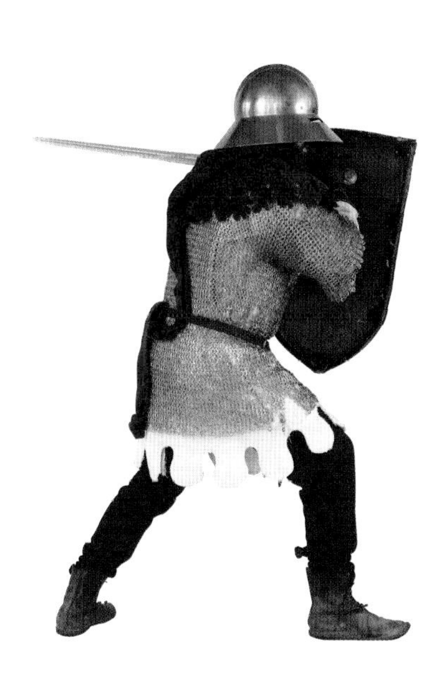

ヒーターシールドを持った状態で、オフサイドのフォムタークに構えたところ。剣を持った手と腕が、盾でしっかり守られている点に注目。

オクス Ochs

「オクス」は「雄牛」という意味です。切っ先を真っ直ぐ標的に向け、手元は頭上に来るように構えます。このとき、握りは自然と069ページのサムグリップになります。ここからそのまま突くことも、斬りに変化することもできます。

【オンサイドのオクス】

初心者のうちは、剣の平が水平になるように構えましょう。

オンサイドのオクスのバリエーションです。この例では剣の平が地面に対して垂直になっています。写真では手の形がわかりやすいように手袋を着用していますが、金属製のガントレットでは、このようにハンマーグリップ（069ページ）でしか剣を握れないことがあります。

【オフサイドのオクス】

剣を持つ手の向きに注目。必ず親指が内側になるように構えます。

オフサイドのオクスのバリエーション。オフサイド、かつ鎧を着けた状態では手が上がりにくくなります。

フルーク Pflug

「フルーク」は「鋤（すき）」という意味です。切っ先は真っ直ぐ標的に向け、柄（つか）は腰の脇で構えます。真上から見下ろしたとき、切っ先と自分のへそと剣の柄を結ぶラインが直角三角形になるようなイメージで構えましょう。

【オンサイドのフルーク】

鎧とヒーターシールドを装備し、オンサイドのフルークに構えたところ。

【オフサイドのフルーク】

鎧とヒーターシールドを
装備し、オフサイドのフ
ルークに構えたところ。

ネーベンフート Nebenhut

「ネーベンフート」を直訳すると「近接した構え」になります。この構えについては諸説あり、中世の史料には同じ名前で相反する例も記載されています。キャッスル・ティンタジェルで採用しているのは、写真のように、切っ先が後ろを向き、剣の柄頭（ポンメル）が標的を指す構えです。このとき、手を後ろに引きすぎないこと。剣が体に巻きつくようなら引きすぎです。

【オンサイドのネーベンフート】

この写真はネーベンフートではありません。にもかかわらずここに掲載した理由は、この体勢から剣を振ると、動きの途中でネーベンフートの形になるからです。最初の構えはオンサイドのフォムタークですが、鎧を着けた状態で強烈な打撃を繰り出すために、体が大きく傾いています。ここから体全体を使ってスイングすると、剣はネーベンフートの位置を通過してから標的に向かって上昇していきます。

ポンメルを頭より高く構えた例を載せている史料もありますが、ここでは腰のあたりで構えます。

【オフサイドのネーベンフート】

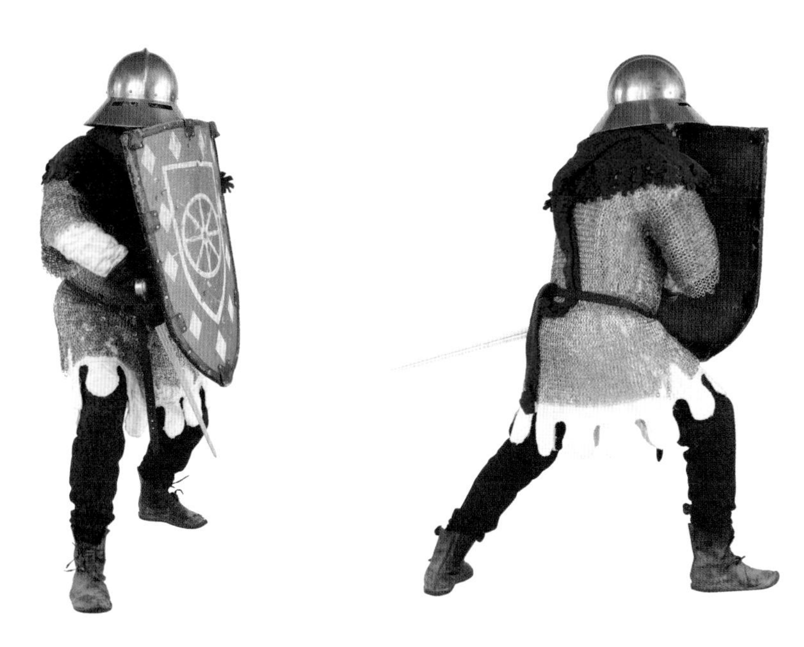

鎧とヒーターシールドを装備し、オフサイドのネーベンフートに構えたところ。

ロングポイント Longpoint

ロングポイントの構えは、相手との距離を維持するために使われます。 相手に剣を突きつけることで相手の接近を防ぎ、こちらは突きを繰り出すことができます。

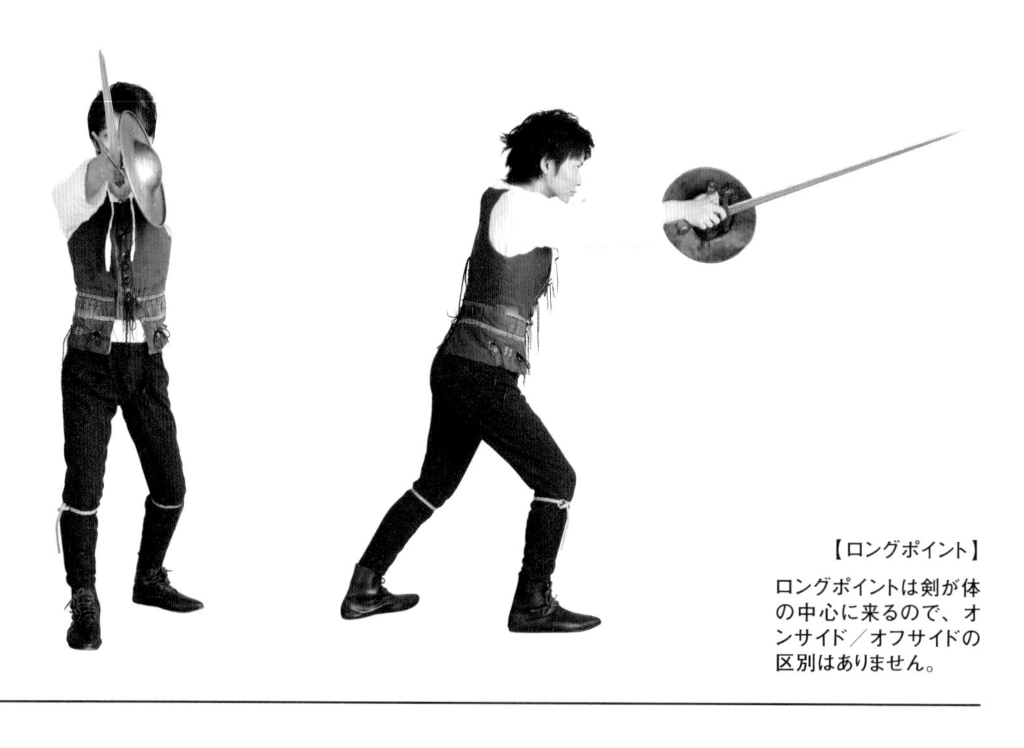

【ロングポイント】

ロングポイントは剣が体の中心に来るので、オンサイド／オフサイドの区別はありません。

鎧を着けた状態でのロングポイント。オフサイドのオクス（075ページ）と似ていますが剣を持った腕の肘が伸びています。

盾の防御
Shield Defence

盾は面で防御するものと思われがちですが、多くの場合、使われるのは角（コーナー）や縁（エッジ）、下部の尖った部分（ポイント）です。ここではヒーターシールドを使い、攻撃者の視点から盾の動きを見てみましょう。

オンサイドから頭を狙った攻撃をかわす

頭や首など、高い位置を狙った攻撃には、盾を前に突き出し、コーナーで防御します。

オフサイドから頭を狙った攻撃をかわす

オフサイドからの攻撃も同様に、盾を突き出し、コーナーで剣を防ぎます。

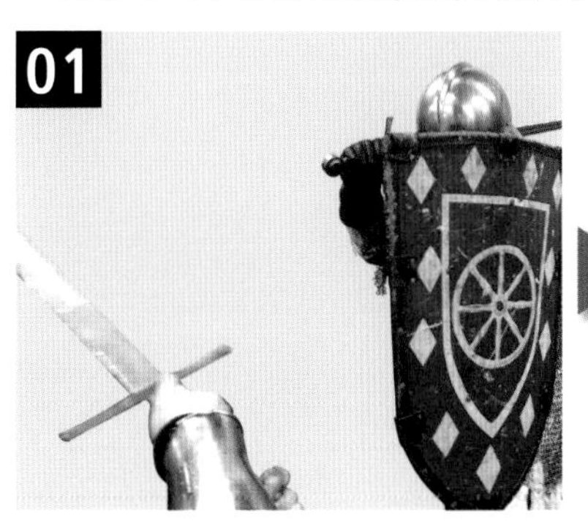

オンサイドから脚を狙った攻撃をかわす

低い位置を狙った攻撃に対しては、盾を下げ、ポイントで剣を受けるようにします。このとき、盾側の脚を後ろに引いてもいいでしょう。

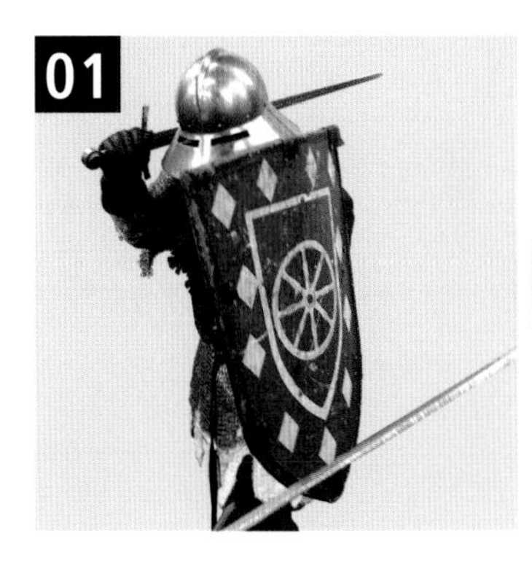

基本の攻撃 1 オンサイド オーバーハウ
Onside Oberhau

まずは、最も単純な攻撃から練習を始めましょう。ドイツ語の「オーバー」は「上から」、「ハウ」は「斬り」という意味です。よって「オーバーハウ」は「上からの斬撃」となります。

基本のオーバーハウは、フォムタークから剣を斜めに斬り下ろす技です。順を追って見ていきましょう。

※王冠マークのついた人物が、この技をデモンストレーションしています

01

オンサイドのフォムターク(072ページ)の構えで敵に向き合います。バクラーは常に敵の剣の前に突き出していなければなりません。

02

構えたところからまっすぐ斬り始めます。初心者は特に、斬り始めの準備動作として、いったん剣を引いてしまいがちなので気をつけましょう。

03

武器が先に動き始め、 足は後から踏み出します。 剣と同時にバクラーも前に突き出して自分の手をカバーします。

踏み込みと同時に腰をひねる力を利用して、 相手の首に剣を打ち下ろします。この時もバクラーは自分の手をガードしています。

基本の攻撃２ オンサイド オーバーハウ２
Onside Oberhau in Armor

続いて鎧ありで、片手剣とヒーターシールドを装備した状態で同じ技を見てみましょう。鎧なしのときよりも、全身を大きく使って攻撃している点に注目してください。

※王冠マークのついた人物が、この技をデモンストレーションしています

01

片手剣をオンサイドのフォムタークに構え、071ページで学んだように、ヒーターシールドの角を敵に向かって突き出します。ヒーターシールドの上縁は、自分の鼻を覆うくらいの高さで保持しましょう。相手はロングソードをオンサイドのフォムタークに構えています。

02

相手がオーバーハウで切り込んできます。狙いはこちらの頭です。盾を突き出してこの打撃を防御します。この例では盾が高く上がり、前面で剣を防いでいますが、盾の動きは最低限にとどめ、上縁や盾の角を使って剣を防ぐべきです。盾で相手の攻撃をブロックすると同時に、相手の脚をめがけて剣を振り始めます。

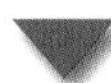

03

腕だけで振っていては剣に十分な力が乗りません。足→腰→肩→腕→剣の順に力が伝わるように、下半身のひねりを使って振っていきます。この間も、盾で相手の武器をしっかりブロックするようにしましょう。

途中、剣の刃がぶれないように、きれいに斬ります。

基本の攻撃３ オフサイド オーバーハウ
Offside Oberhau

続いてオフサイドからのオーバーハウです。剣と盾との位置関係がわかりやすいように、勝者の位置を入れ替えてあります。

※王冠マークのついた人物が、この技をデモンストレーションしています

01

オフサイドのフォムタークの構えから、バクラーの上を通すように斬り始めます。

02

剣がバクラーの上を通過したら、剣を持つ手にバクラーをかぶせてガードします。

03

相手の首めがけて斬り下ろします。

04

相手の首に剣が命中します。このときも手はバクラーでガードしたままです。

基本の攻撃４ オフサイド ウンターシュティッヒ
Offside Unterstich

ドイツ語の「ウンター」は「下から」、「シュティッヒ」は「突き」という意味です。よって「ウンターシュティッヒ」は「下からの突き」となります。オフサイドのウンターシュティッヒを、鎧ありの状態で見ていきましょう。右側のバクラーを持っている人物が、左のヒーターシールドを持っている人物をウンターシュティッヒで攻撃します。攻撃側の剣の動きがわかりやすいように、相手役は立ったままです。

※王冠マークのついた人物が、この技をデモンストレーションしています

攻撃側は、オフサイドのフルーク（077ページ）に構えています。鎧を着ると腕の可動範囲が制限されるため、鎧なしのときほど大きくオフサイドに構えることはできません。

相手の盾の内側に向かって剣を突き出していきます。

03

切っ先が相手の盾の縁を越えたら、ポンメルを左に押し出します。このとき、切っ先は相手の胴を狙ったまま、ポンメルだけを動かすのがポイントです。

04

そのままステップで踏み込み、相手の胴を突きます。

応用の攻撃 1 シュトルツハウ
Sturzhau

シュトルツハウは、モーションの途中で斬撃が突きに変化するテクニックです。オーバーハウやウンターハウと同じモーションで斬り始めますが、剣と腕が伸びると同時に切っ先を回転させ、狙う場所を変化させます。切っ先の向きは変わりますが、剣の軌道自体は斬りと同じでなければなりません。通常の攻撃と異なり、相手の防御を強化させるために、シュトルツハウでは意図的に攻撃のモーションを大きくします。

※王冠マークのついた人物が、この技をデモンストレーションしています

01

どちらもオンサイドのフォムタークに構えています。

02

攻撃側は剣をわざと大きく振りかぶり、いかにもこれから強烈な攻撃をしそうに見せかけます。相手が防御を強化すればするほど突きが入りやすくなるからです。

03

そのままの勢いで斬り始めると、敵は反射的に防御を固めます（このケースでは、バクラーを持つ手に力が入ります）。

04

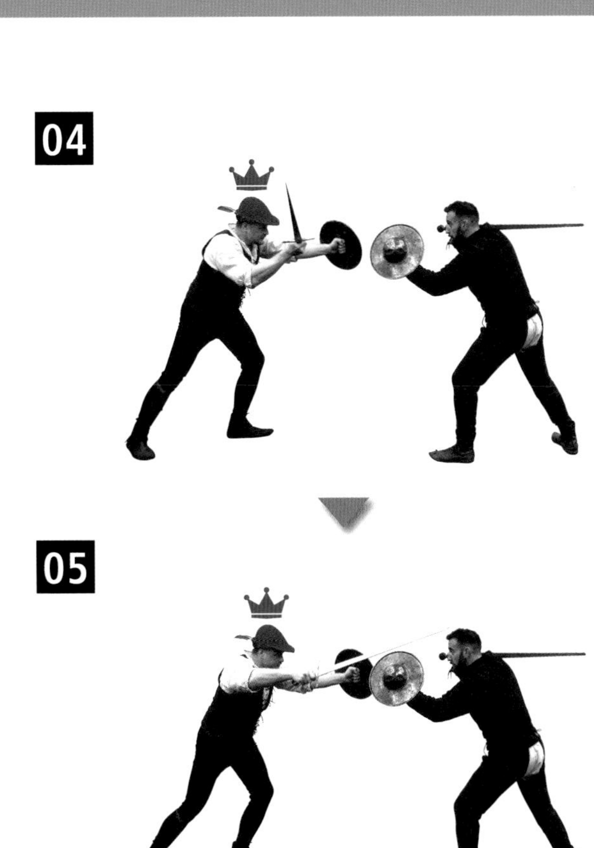

ここから切っ先の向きを変え、突きに変化し始めます。

05

剣はオーバーハウの時と同じ軌道で動きますが、途中で右手を返している点に注目してください。

06

切っ先が相手のバクラーの上を越えたら、右手を上げ、相手の首を突きます。右手の甲が完全に上を向いているところに注目。

応用の攻撃２
ヒーターシールドに対するシュトルツハウ
Sturzhau Against Big Shield

同じシュトルツハウを、鎧あり・相手がヒーターシールドを装備しているケースで見てみましょう。

※王冠マークのついた人物が、この技をデモンストレーションしています

01

オンサイドのフォムタークから、大きく振りかぶって強い斬撃に見せかけます。

02

敵の視点からは、自分の頭を狙われているように見えるため、盾を上げて防御しようとします。

03

剣はオンサイド　オーバーハウの時と同じ軌道を通りますが……

04

途中で手首を返して突きに変化します。この時点で、手の甲は完全に上を向いています。

05

切っ先が相手の盾の上縁を越えたところでポンメルを上げ……

06

盾の縁を越えた剣が相手の首に命中します。

応用の攻撃３ ローシュトルツハウ
Low Sturzhau

ここまで、オーバーハウからシュトルツハウへの変化を見てきましたが、シュトルツハウは下からも出すことができます。上からの斬り下ろしであるオーバーハウに対し、下からの斬り上げを**ウンターハウ**といいます。

※王冠マークのついた人物が、この技をデモンストレーションしています

01

オンサイドのネーベンフート（078ページ）から斬りがスタートします。

02

剣はウンターハウと同じ軌道を通りますが、腕と剣が伸びたところで切っ先が回転し始め、突きに変化します。

03

手首を返し……

04

手の甲が真上に来た状態から突き始め……

05

相手の脇の下を突きます。突きが完了した時点でも、勝者のバクラーが相手の剣を防御している点に注目してください。もし自分の攻撃が相手より遅かったり、ぎこちなかったりすれば、相手が反撃してくる可能性があるからです。

応用の攻撃 4 ラップストライク
Wrap Strike (or "Coup de Jarnac")

ラップストライクは近接戦で使える非常に便利なテクニックで、「クー・ド・ジャナク」という名前でも知られています。ラップ（包む）の名前が示すとおり、剣が相手の体を包みこむような軌道を通り、後頭部や体の後ろを攻撃します。

※王冠マークのついた人物が、この技をデモンストレーションしています

オンサイドのフルークから、頭を狙って突きを繰り出します。この攻撃はフェイクではなく、敵が盾で防御しそこねたら、そのまま頭を突きます。

02

敵が盾を上げて防御したら、切っ先を敵の顔に向けたまま、剣の手元だけを上げていきます。

03

敵の盾が上がり、脚の防御が空いたところで脚を狙って斬り始めます。ここがラップストライクの始まりです。

04

途中までは通常の斬りと同じ角度で振り下ろしていきますが……

05

ここで手首を返し始めます。

前の写真では右手の親指が上に来ていますが、ここでは手の甲が上になっています。

07

そのまま相手の膝の裏を、剣の裏刃で攻撃します。このとき、剣の柄を押し出し、切っ先はこちらに引くようなイメージで打つと力が乗ります。

戦いにおける足さばき

Footwork and Fighting

067ページの扉絵をご覧ください。二人のファイターが片手剣と盾で戦っています。
さて、この二人はステップ（018ページ）で戦っているでしょうか。それともパス（020ページ）で戦っているでしょうか？

正解は誰にもわかりませんね。絵は動いてくれませんから。

ここに、一度断絶してしまった武術を再現する難しさがあります。我々は多くの歴史的な文献や彫刻や絵画を研究しつつ、実際に自分たちで戦ってみながら検証を重ねていくしかありません。

もう一度扉絵をご覧ください。二人のファイターはどちらも右手に剣を持っていますが、左のファイターは左足が前、右側のファイターは右足が前になっています。
この状態を、剣と盾を持ったファイターが実際に作り出し、そこから史料に書かれているとおりに動いてみて、その動きが理にかなっているかどうか検証する、という一連の作業を何度も繰り返していくわけです。

足さばきについていえば、現時点（2020年）でキャッスル・ティンタジェルが採用している一般的な解釈は、「敵が射程に入るまではパスで近づき、戦いが始まると右足のステップに頼ることが多くなる。それ以降は素早く前後に動けるように、必要に応じてパスやステップを使い分けながら戦う」というものです。
実際、現代のファイターたちが片手剣と盾、あるいはその他の武器で戦うと、このような足さばきになることがほとんどですから、この解釈は実用に即したものといえるでしょう。

COLUMN

Part 6

両手剣

Longsword

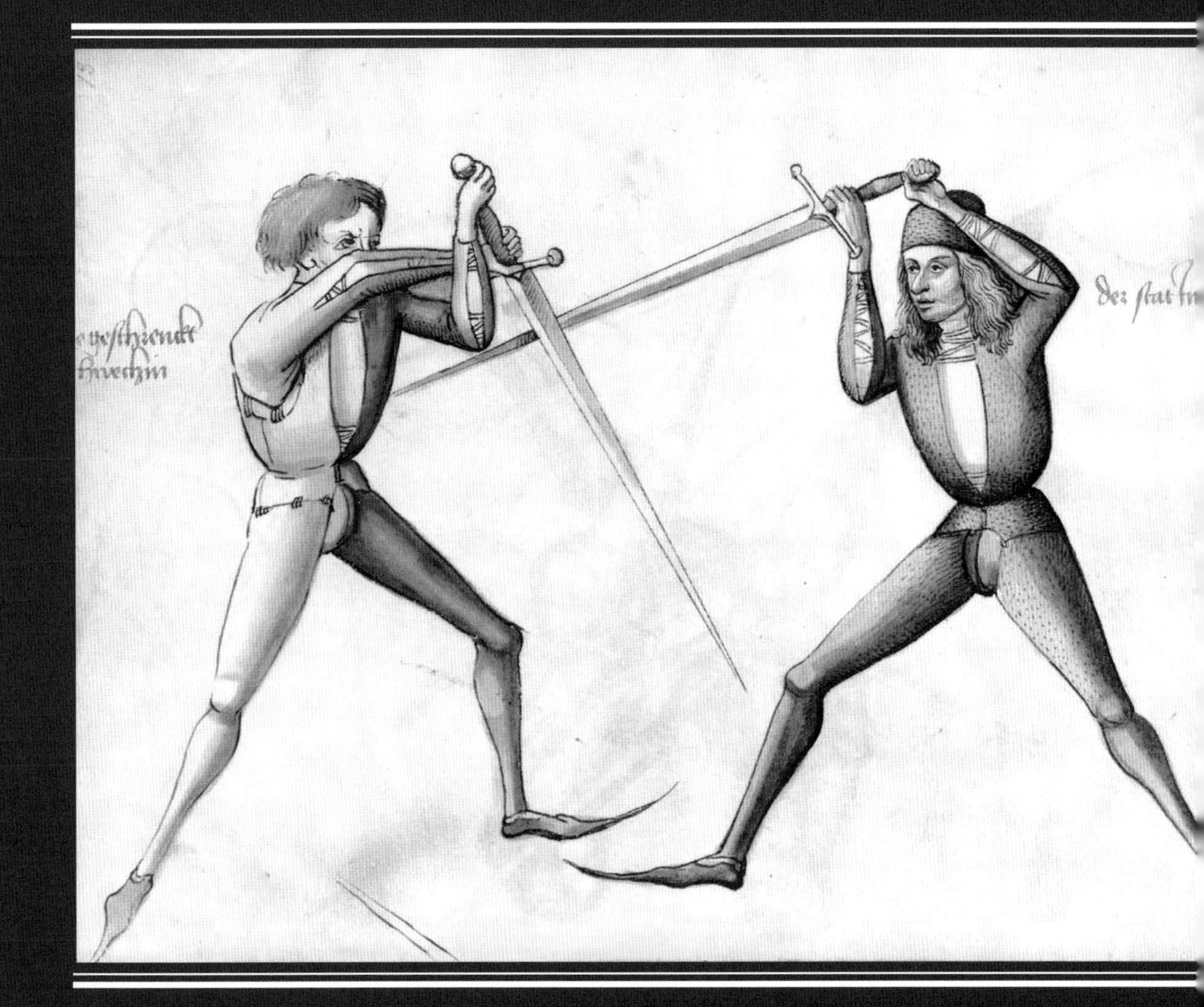

イントロダクション
Introduction

14世紀から15世紀にかけて使われた両手剣は、数ある武器の中でも特異な地位を占めています。騎士たちが戦場で戦うとき、主たる武器として使われたことは滅多になかったという事実にもかかわらず、中世の武道家たちはこの剣について、多くの技術を書き残しました。

理由のひとつとして、この武器が持つ歴史的・象徴的意義が挙げられます。古くから、剣には貴族の武器というイメージがありました。戦いのためだけに作り出され、製作コストもかかる剣は、ナイフや斧といった日常的な用途も兼ねる武器とは一線を画していたのです。

その形状がキリスト教の十字架に似ていることから、両手剣の文化的意義に言及する人は多いですが、こうした象徴主義が台頭するはるか以前から、両手剣はすでに「高貴な」武器とされていました。ドイツにおける決闘裁判でこの剣が用いられてきたことも、その要因のひとつです。

戦場でも決闘の場でも、両手剣は使い勝手の良い武器とみなされていました。対戦相手の装備を問わず、距離をとって戦うときも、組み打ちにもつれこむような接近戦でも、取り回しが容易で技の選択肢が多く、強力な打撃と突きを繰り出すことができたからです。

スピアやポールアックスのようなポールウェポンは安全な選択肢ではありますが、狭く混雑した場所では、両手剣はその力を遺憾なく発揮することができました。

基本のグリップ
Basic Grips for Longsword

両手剣の握り方には、以下の三種類があります。

ハンドシェイクグリップ Handshake Grip

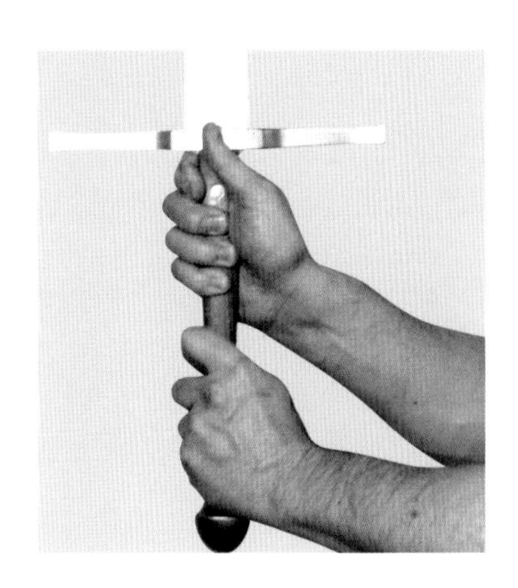

片手剣のハンドシェイクグリップ（069ページ）同様、右手は握手するように剣の柄を握ります。このとき、人差し指の第一関節が刃の下にくるように、掌の向きを少しずらします。左手は写真のようにポンメルの近くを持ちますが、右手に添えるような感覚で、あまり強く握りこまないこと。刃の向きは右手の親指でコントロールし、柄を回すのは左手の役目です。柄は掌の中で回転するのが正しく、柄と手首が一緒に捻じれるようなら、それは強く握り過ぎです。

サムグリップ Thumb Grip

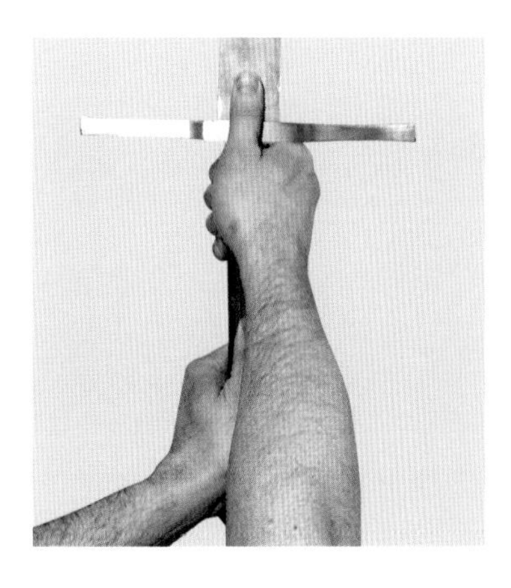

片手剣のサムグリップ（069ページ）同様、右手の親指が剣の平（ひら）の中央にくる握り方です。左手の握り方は、ひとつ前のハンドシェイクグリップと同じです。

ハンマーグリップ Hammer Grip

片手剣のハンマーグリップ（069ページ）同様、戦いの中でやむなくこの形になったり、ガントレットの仕様上、この握り方しかできないことがあります。剣のコントロールが格段にしにくくなるため、可能なかぎりハンドシェイクグリップやサムグリップで戦うようにしましょう。

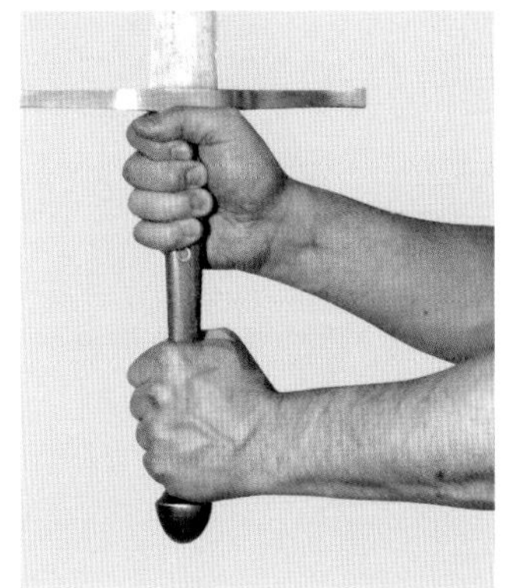

基本の構え
Basic Guards

ハンドシェイクグリップで両手剣を持ったら、基本の構えを練習しましょう。構えと技の名称は、片手剣と同じです。ここでは片手剣と盾の章（067ページ）で学習したフォムターク、オクス、フルークの他、新たにアルベアとシュランクフートが加わります。できれば、鏡で自分の姿勢を確認しながら練習してみましょう。

フォムターク Vom Tag

両手剣のフォムタークは切っ先が上、柄が下になるように剣を持ち、柄頭（ポンメル）が胸の前にくるように構えます。十字鍔（キヨン）の先端が、真っ直ぐ敵のほうを向いていること。初心者のうちは、正面から見たとき、剣の角度が斜め45°になるように構えましょう。

オンサイドのフォムターク

オクス Ochs

切っ先を真っ直ぐ標的に向け、両手が頭上に来るように構えます。このとき、右手の握りは自然と101ページのサムグリップになります。ここからそのまま突くことも、斬りに変化することもできます。上方からの攻撃、特に自分より背の高い相手からの攻撃に対し、強い防御力を発揮します。

オンサイドのオクス

フルーク Pflug

切っ先を真っ直ぐ標的に向け、柄(つか)が腰の脇に来るように構えます。真上から見たとき、切っ先と自分のへそと剣の柄を結ぶラインが直角三角形になるようなイメージで構えましょう。真横からの攻撃に対し、強い防御力を発揮する構えです。

オンサイドのフルーク

シュランクフート
Schrankhut

「シュランクフート」は「防護の構え」という意味で、下段で説明するアルベアのバリエーションです。この構えから出しやすい技があるため、キャッスル・ティンタジェルでは初心者クラスで教えています。柄の中央がへその正面に位置し、剣の刃がターゲットのほうを向くように構えます。

オンサイドのシュランクフート

アルベア Alber

「アルベア」は「愚か者」という意味です。オンサイドのオーバーハウを斬り下ろしたところで剣を止めると、自然にこの構えになります。相手の下半身に対する攻撃を出しやすい構えですが、初心者のうちはしばしばダブルキル（相討ち）になりやすいため、キャッスル・ティンタジェルの初級クラスでは構えの名前と形だけを覚え、詳しい技を学ぶのは中級以上のクラスになってからです。

オンサイドのアルベア

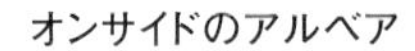

周知の技と秘伝の技

Common Techniques and "Secret" Techniques.

中世の武術を再現するにあたって、我々はまず、同時代に書かれた史料にあたります。我々が特に重点を置いている14世紀から15世紀という時代には、剣術は人々の生活にごく普通にとけこんでいました。

普通ということは、言いかえれば「説明不要」ということです。たとえば106ページのオーバーハウですが、これは最も基本の技なので、おそらく当時の人々なら、オーバーハウとは何なのか誰でも知っていたことでしょう。そのためオーバーハウをどのように斬ればいいか詳細に記述した当時の史料はほとんど残っていません。「オーバーハウ」の名称自体は出てきます——「相手がオーバーハウなら」「こちらがオーバーハウをしたとき」というように。

一方「奥義」「秘伝」と言われるような特殊な技は、当時も知る人は少なかったため、これについて書かれた史料や文献はたくさんあります。
本書に出てくる「ツヴェルクハウ」「シールハウ」「ツォーンハウ」「クルンプハウ」「シャイテルハウ」は、実はいずれも「マイスターハウ」と呼ばれる秘伝の技です。

600年以上の時を経た今、当たり前の技ほどリサーチするのが難しく、秘伝の技ほど手がかりが多く残されている、という逆転現象が起きているわけですね。

COLUMN

基本の攻撃１ オンサイド オーバーハウ
Onside Oberhau

上から斬り下ろすタイプの斬撃は、右からのものも左からのものも、すべて「オーバーハウ」です。初心者のうちは、オンサイドのフォムターク（102ページ）からオーバーハウを練習すると感覚をつかみやすいでしょう。右上から左下まで、45°の角度で、まっすぐ斬れるようになるまで繰り返し練習してください。

※王冠マークのついた人物が、この技をデモンストレーションしています

01

両手剣をオンサイドのフォムターク（102ページ）に構えます。キヨンの先端がまっすぐ標的に向くようにしましょう。

02

剣を振り始めます。まず腕を前に伸ばしますが、このとき肘をロックしてはいけません。また、両手を顔の前に揚げてはいけません。敵に手を打たれやすくなるからです。

03

重心が前足に乗り始めたところで後ろ足（この場合は右脚）が前に出ます。右脚が地面についたところで左脚がつま先を中心に回り始めます。左脚と一緒に腰も回り、この回転が剣を振り抜く力になります。

04

剣が敵の頭に命中。このとき、前足の膝と爪先がまっすぐ敵のほうを向いていること。

基本の攻撃２ オンサイド オーバーハウ２
Onside Oberhau in Armor

続いて鎧ありで同じ技を見てみましょう。鎧なしのときよりも、全身を大きく使って攻撃している点に注目してください。

※王冠マークのついた人物が、この技をデモンストレーションしています

01

両手剣をオンサイドのフォムタークで構えたところ。

02

どんなときも、攻撃は必ず武器が先、体が後です。

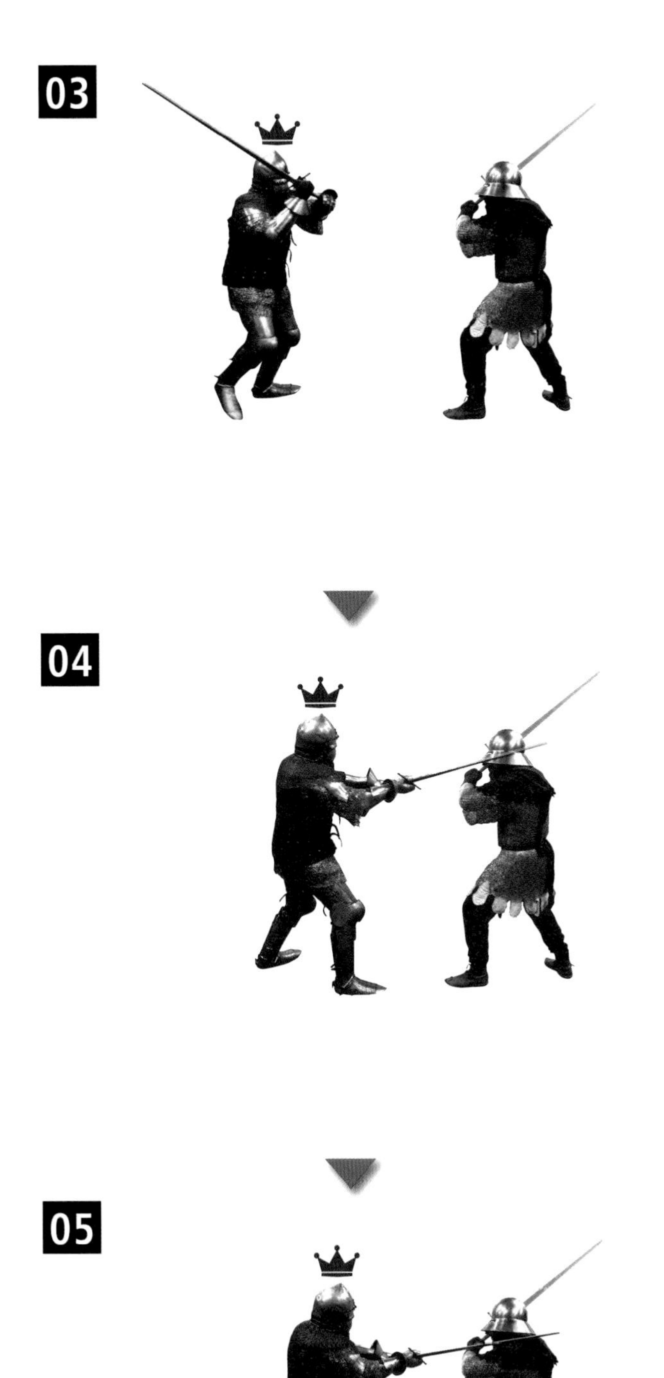

剣が命中したところ。 鎧を着ているときは、 体全体で剣を振るようにしなければなりません。

基本の攻撃3 初心者向けのツヴェルクハウ
Zwerchau for Beginners

ツヴェルクハウは、リヒテナウアーが提唱した奥義（マイスターハウ）のひとつで、水平方向の斬撃です。

初心者のうちは、オクス（103ページ）からこの斬りに入るやり方を練習しますが、熟練すればどの構えからも出せるようになります。オクスからツヴェルクハウを出すときは、動作中にポンメルが下を向かないよう注意すること。さもないと切っ先がフック（鉤状にぶれること）してしまい、きれいな斬りになりません。柄の位置は常に頭上に保つこと。頭より低くなると、防御力をじゅうぶんに生かすことができません。

※王冠マークのついた人物が、この技をデモンストレーションしています

この斬りは上方からの攻撃に強く、フォムタークの構えに対する**フェアゼッツェン Versetzen**になります。

フェアゼッツェンとは防御と攻撃を同時に行うテクニックです。

相手が何らかの構えをしているとき、その構えから繰り出される攻撃はかなりの確率で限定できるため、予測される攻撃に対するカウンターを出すわけです。このように、一手で攻防両方を兼ねる攻撃は、単に相手をブロックするより、はるかに好ましい技術です。

実戦では、ツヴェルクハウはフォムタークからスタートすることが多いですが、初心者のうちは、マスターするまでオクスの構えで練習しましょう。

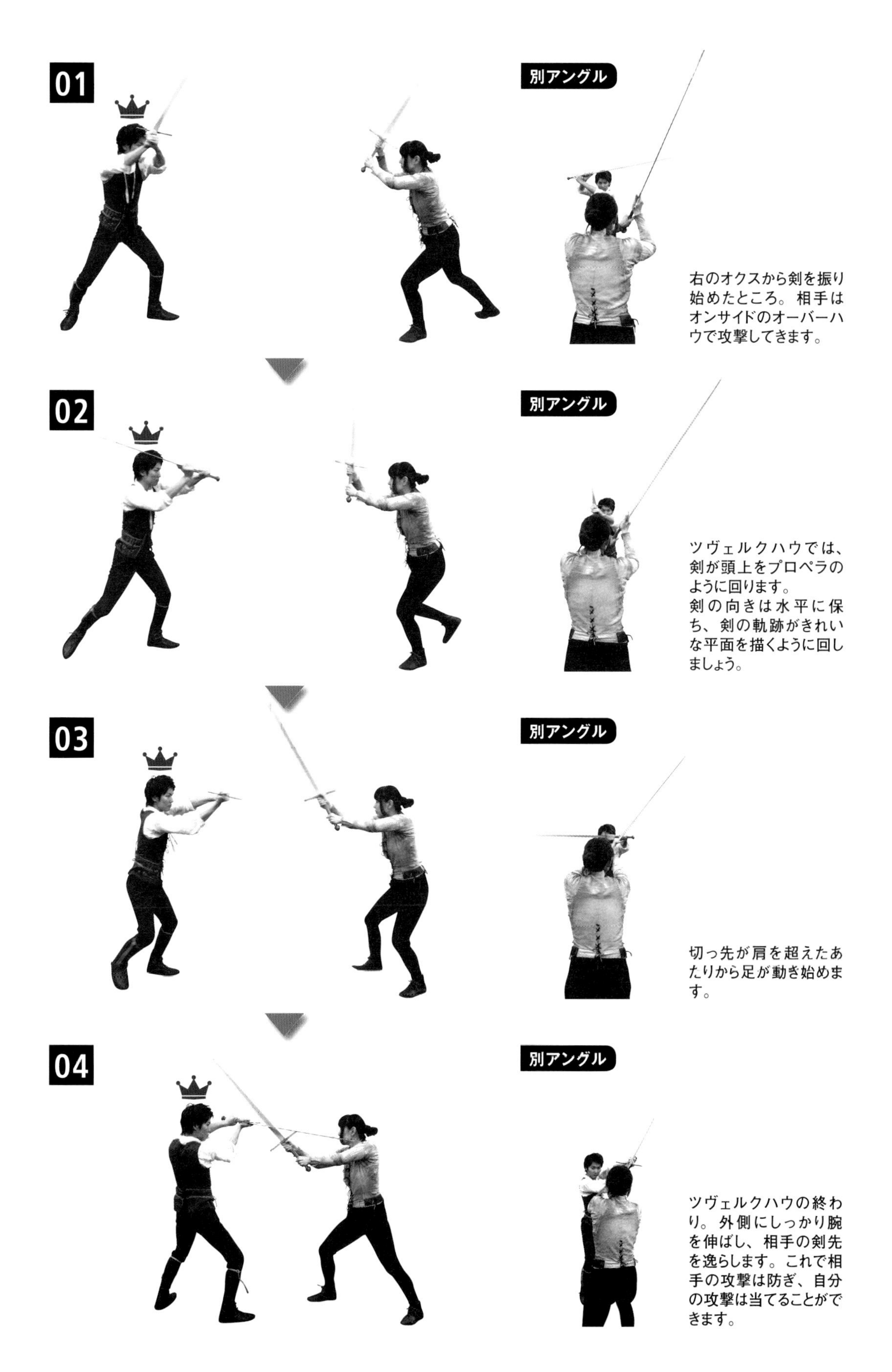

01

右のオクスから剣を振り始めたところ。相手はオンサイドのオーバーハウで攻撃してきます。

02

ツヴェルクハウでは、剣が頭上をプロペラのように回ります。
剣の向きは水平に保ち、剣の軌跡がきれいな平面を描くように回しましょう。

03

切っ先が肩を超えたあたりから足が動き始めます。

04

ツヴェルクハウの終わり。外側にしっかり腕を伸ばし、相手の剣先を逸らします。これで相手の攻撃は防ぎ、自分の攻撃は当てることができます。

基本の攻撃４ 初心者向けのシールハウ
Schielhau for Beginners

シールハウは側面からの攻撃を防御しつつ、こちらも相手を攻撃する攻防一体のテクニックです。フルークやロングポイントなど、相手が剣の切っ先をこちらに向けて構えているときにも有効です。

初心者向けのシールハウは、フルークの構えからスタートします。剣をオンサイドのフルークに構え、キヨンは地面に対して垂直に、切っ先はまっすぐ標的に向けましょう。

このとき、標的の真正面から直線的に斬り過ぎると、この技が持つ防御の恩恵が得られません。上から見たとき、柄は外側、切っ先が中央に来るように、45°の角度で相手に当てるようにしましょう。

本項でご紹介する初心者向けの斬り方は、標的の外側から攻撃する概念を身につけるためのものです。慣れないうちは、多くの初心者がこの動きを不自然に感じるからです。この動きに慣れてから、フルーク以外の構えからもシールハウを出すことを学びます。

シールハウはフルークに対するフェアゼッツェン（110ページ）です。フェアゼッツェンとして用いた場合は、最終的に相手の胸に対する突きで終わるでしょう。

※王冠マークのついた人物が、この技をデモンストレーションしています

01

シールハウのスタート。初心者が練習しやすいようにフルークの構えからスタートしていますが、実戦ではこれもフォムタークからスタートします。

02

オンサイドのフルークから、ポンメルを敵のほうに向け始めます。

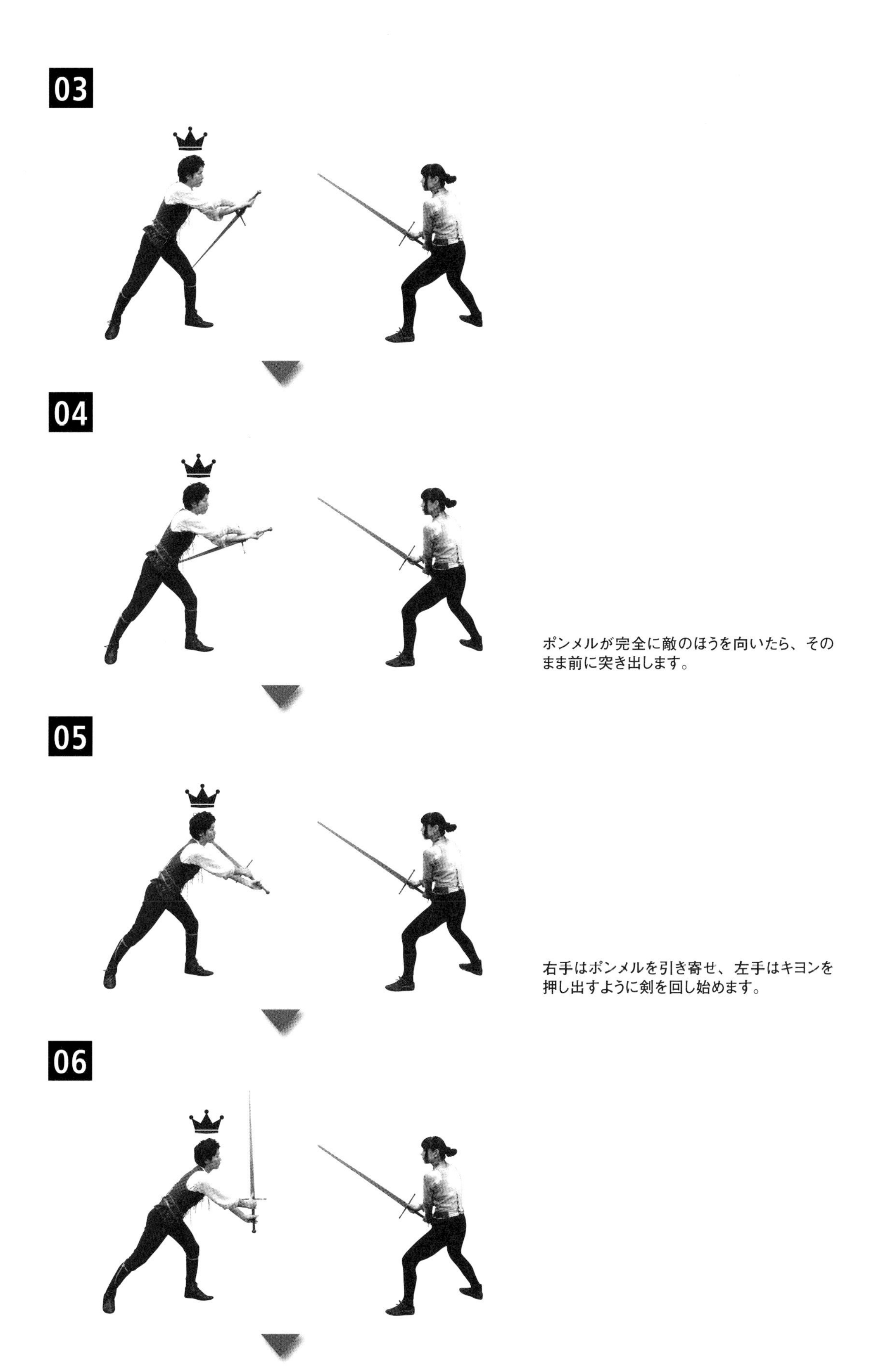

ポンメルが完全に敵のほうを向いたら、そのまま前に突き出します。

右手はポンメルを引き寄せ、左手はキヨンを押し出すように剣を回し始めます。

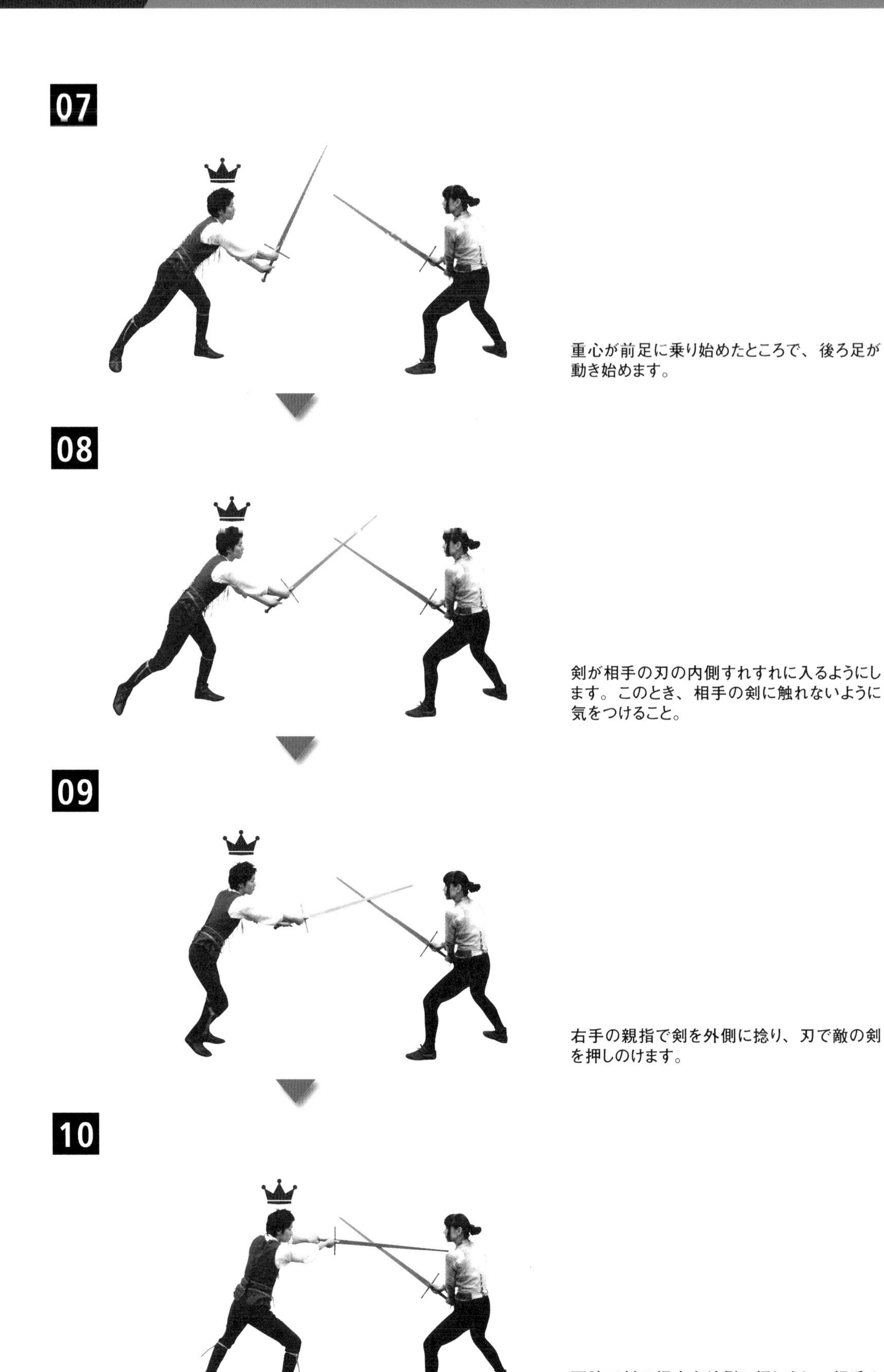

重心が前足に乗り始めたところで、後ろ足が動き始めます。

剣が相手の刃の内側すれすれに入るようにします。このとき、相手の剣に触れないように気をつけること。

右手の親指で剣を外側に捻り、刃で敵の剣を押しのけます。

両腕で剣の根本を外側に押し出し、相手の切っ先を逸らしながら突きます。

基本の攻撃５ シャイテルハウ

Scheitelhau

シャイテルハウは高い位置から鞭のように振り下ろす高速のオーバーハウです。初心者はフォムタークの構えから練習してください。この斬りはアルベアに対するフェアゼッツェン（110ページ）としても使えます。フェアゼッツェンとして使う場合、相手との距離によっては相手の頭を打てないことがあるので、そのときは狙いを相手の頭から（より近い位置にある）手に変更したり、剣先を相手に突きつけて、相手がそれ以上接近できなくしたりしましょう。

※王冠マークのついた人物が、この技をデモンストレーションしています

01

両者とも、剣をオンサイドのフォムタークに構えています。

02

相手がこちらの脚を狙ってオーバーハウをしてきます。

03

相手の剣を避けるため、右方向にスロープパスしながら、オンサイドに構えていた剣を中心に移動させ……

04

鞭で相手を打つときのように、ポンメルを素早く上げ、切っ先を下げます。このとき、ポンメルを自分の鼻の高さ以上に上げないこと。

05

最終的に、剣は「へ」の字のように手元が高く、切っ先が低くなり、打撃か突きで終わります。

基本の攻撃6 アブゼッツェン スラスト
Absetzen Thrust

アブゼッツェン スラストは、自分の剣で相手の切っ先を逸らす動きそのものが、相手に対する突きになるテクニックです。オーバーハウと突きの両方に対して効果的で、バインドの状態から繰り出される様々なテクニックと深い関わりがあります。

初心者レベルのアブゼッツェン スラストは、フルークの構えからスタートします。相手がオーバーハウや突きをしてくるときに使いましょう。切っ先は常に標的を指していること。切っ先を頂点とした三角錐を描くイメージで、らせん状に剣を動かします。標的を突きながら、あなたの剣のストロング（183ページ）部分で、相手の剣を受け止めます。

※王冠マークのついた人物が、この技をデモンストレーションしています

01

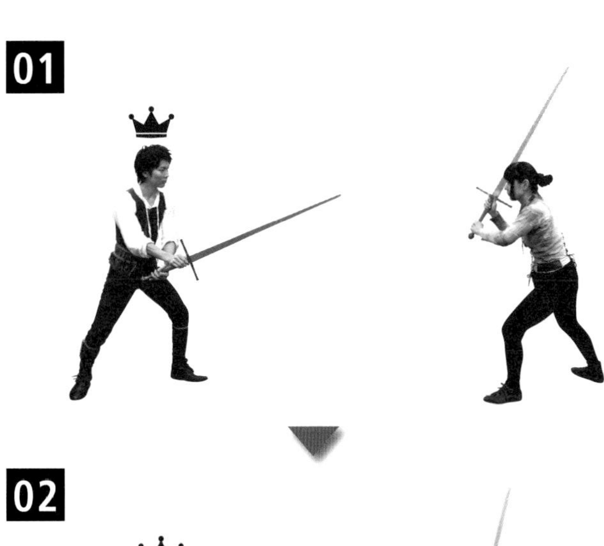

相手のオンサイドのフォムタークに対し、オンサイドのフルークに構えます。

02

オーバーハウで攻撃してくる相手に対し、切っ先はターゲットを指したまま、ポンメルで大きくU字を描くように動かし始めます。

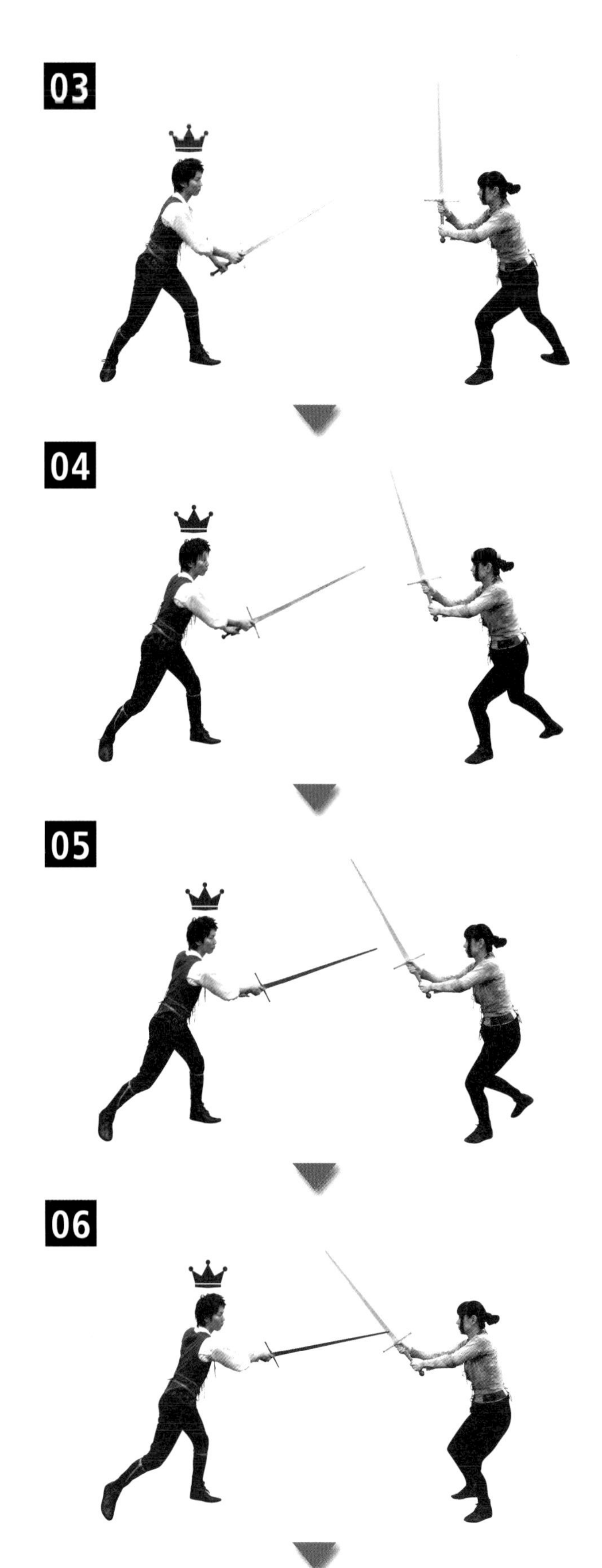

切っ先は依然同じ場所を指していますが、ポンメルはU字を描きながら、重心が前に移動していきます。

重心が前脚に移り始めたところで後ろ足が動き始め……

右手の親指で剣を返して突くと、自分の剣の刃がちょうど相手の剣を防御する形になります。このとき、自分の剣で相手の剣を受け止めようとするのではなく、あくまで相手を突くことを第一に考えましょう。

突き終わり。両手をオクス(103ページ)の位置まで上げること。

応用の攻撃１ ツォーンハウ

Zornhau

ツォーンハウは、低めのオーバーハウに対するカウンターとして有効なテクニックです。ここでいう「低め」とは、相手の狙いがこちらの首より下、たとえば手を狙っているようなケースです。高めのオーバーハウに対しては、ツヴェルクハウが有効です。「高め」とは、相手の狙いがこちらの頭だったり、上背のある相手が高い位置から斬り下ろしてきたりするケースです。

相手がこちらの体の中心線を狙ってオーバーハウをしてきた場合、ツォーンハウで打ち下ろした剣は相手の剣を逸らし、相手の頭をヒットするか、相手の顔の前に切っ先が来るかするでしょう。

ツォーンハウは、下記の連続写真のように腕を伸ばして打つタイプのほか、相手の攻撃の角度によっては、より自分の体に近く、体の脇に固定して打つタイプがあります。

※王冠マークのついた人物が、この技をデモンストレーションしています

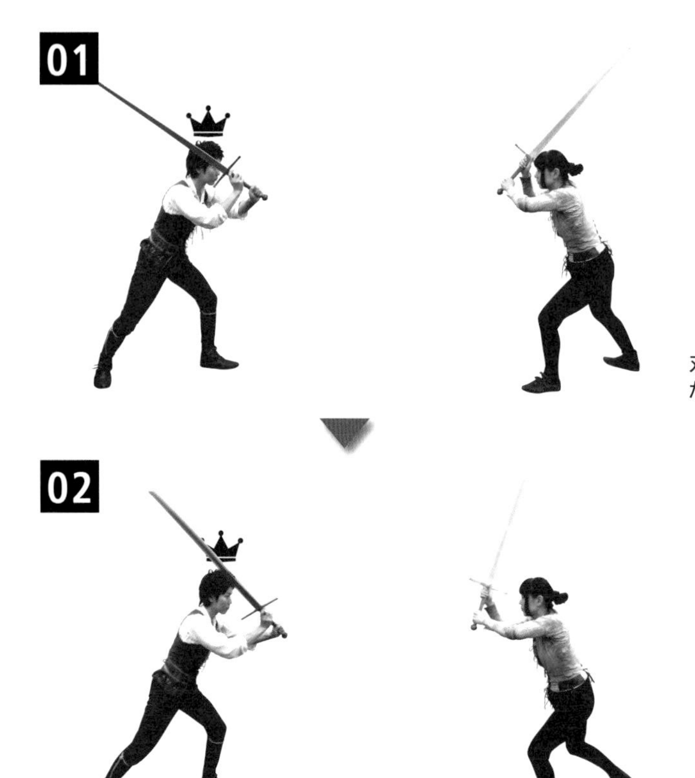

01 双方とも剣をオンサイドのフォムタークに構えた状態から……

02 相手がオーバーハウで攻撃してきます。

03

相手の頭を狙って剣を振り始めます。初心者はしばしば相手の剣に向かってスイングしてしまいがちなので気をつけましょう。

04

自分の剣が相手の首に当たります。ツォーンハウは、敵の剣と自分の剣が直角にバインドするのがポイントです。その結果、相手の剣を防御すると同時に、相手の首を斬ることができるのです。

別アングル

【ツォーンハウのときの剣の角度】
敵の剣に対し、直角にバインドしています。

応用の攻撃２ フォムタークからのツヴェルクハウ
Zwerchau from Vom Tag

オクスからのツヴェルクハウができるようになったら、次はフォムタークからもツヴェルクハウが出せるように練習しましょう。実際の戦いでは、多くの技ががフォムタークの構えからスタートします。

※王冠マークのついた人物が、この技をデモンストレーションしています

戦いのスタート。どちらもオンサイドのフォムタークに構えています。

02

相手はオーバーハウで攻撃してきますが、こちらはフォムタークからツヴェルクハウに変化します。まず左手を押し上げ、ポンメルを前に突き出します。

03

右手の親指で、剣を外側に捻ります。

ここまでの動きで、剣の刃が水平になりました。

そのまま、プロペラのように回していきます。

斬り終わりは外側にしっかり腕を伸ばし、相手の剣先を逸らします。

応用の攻撃3 ヴィンデン
Winden

ヴィンデンはバインドしたところから繰り出される一連のテクニックで、最終的に突きかシュニット（177ページ）の形になります。

ヴィンデンには8つの型がありますが、現状の解釈では、それは2つの型に上・下・左・右の4つのバリエーションがあるからです。バインド時にヴィンデンのどの型を使うのが適切かは、自分の剣にどの程度の圧力がかかっているかによって変わります。ここでは第1ヴィンデンを連続写真で見ていきましょう。

※王冠マークのついた人物が、この技をデモンストレーションしています

第1ヴィンデン 1st Winden

第1ヴィンデンは、ソフトバインド（186ページ）の時に有効なテクニックです。ソフトバインドは、相手の力の方向が、あなたの体の中心線にまっすぐ向かっている状態です。二人組になって練習するときは、相手役（ヴィンデンをかけられる側）の人に、あなたの頭の中心を狙ってオーバーハウをしてもらうといいでしょう。

バインドの始まり。相手役の女性の剣は、こちらの体の中心線を狙っているので、これはソフトバインドです。

ポンメルを上げながら右手の親指で時計回りに剣を回し、最初とは逆側の刃でバインドするようにします。

03

別アングル

剣を回し切った段階で、右手の親指がブレードの下に来るサムグリップ（101ページ）になります。この回転動作で、あなたの剣が相手の剣先を押しのけ、自分の剣の切っ先が相手をまっすぐ指すようになります。

04

その状態でまっすぐ突きます。最終形はオクスのバリエーションのような形になります。

応用の攻撃 4 ドゥルヒラウフェン
Durchlauffen

ドゥルヒラウフェンは、こちらに突進してくる敵に対するバインドからのレスリング技で、鎧なしのときも、鎧ありのときも使えます。ドゥルヒラウフェンには様々な技があり、下記にご紹介するものは、その中のほんの一例にすぎません。

※王冠マークのついた人物が、この技をデモンストレーションしています

双方ともにオンサイドのフォムタークからスタートします。相手はオーバーハウをしながら突進してきます。

相手の力の方向は、こちらの身体の中心線に向かっています。左手でポンメルを上げ、剣先を右に垂らして相手の剣を受け流すと、こちらの中心に向かっていた相手の力が、こちらの右手に逸れていきます。

03

たらした剣の下に右手をくぐらせ、相手の首か体を掴みにいきます。

04

右脚が相手の右脚の後ろにくるように踏み込みます。このとき、自分の体と相手の体がなるべく密着するようにすること。自分の右の尻で相手の右の尻を押しのけるようなイメージです。

05

相手の体はS字型に曲がり、体勢が崩れたところで、あなたの右脚越しに敵を投げます。

06

07

倒れた相手の鎧の隙間に剣を刺します。

実戦では、必ず複数回刺すようにしましょう。

リヒテナウアーの4つの構え

Liechtenauer's Four Guards

本書に出てくる構えや技の名称表記は、基本的には当時から名前があったものについては中世ドイツ語、技の説明をするために、便宜上後からつけた名前は英語にしています。

この章に出てくる構えのうち、フォムターク、オクス、フルーク、アルベアの4つは、14世紀から15世紀にかけて生きたドイツの剣術家、ヨハンネス・リヒテナウアー Johannes Liechtenauer が名づけたものです。

それぞれの形を覚えるときは、切っ先の位置に注目すると覚えやすいでしょう。

たとえばフォムタークの構えは剣の切っ先が上を向き、オクスとフルークでは前方を、アルベアは下を向いています。

時代が下ると、後世の剣術の師匠たちが、これらの構えから様々なバリエーションを生み出し、独自の名前をつけていきました。

たとえば104ページのシュランクフートはアルベアのバリエーションですが、この構えはリヒテナウアーより後のリンゲック Sigmund ain Ringeck が生み出し、名前も彼がつけたものです。

C O L U M N

応用の攻撃５ フィドルボウ

Fiddlebow

フィドルボウは、相手の剣を奪うディスアーム（武装解除）のひとつで、鎧ありでもなしでも使えるテクニックです。

※王冠マークのついた人物が、この技をデモンストレーションしています

オンサイドのフォムタークで構えた相手に対し、正面寄りに剣を構えます。

相手が剣を振り始めると同時に、ポンメルを上げ始めます。左手を離し、右手で持った剣のポンメル側を上げながら……

03

剣で相手の攻撃を防ぎ、自分はその下にもぐりこむようにします。

04

左手を伸ばし、左腕で相手の剣を反時計回りに巻きこみ始めます。相手の剣を掴むまでバインド状態は維持すること。

05

相手の剣のキヨンを掴めれば理想的ですが、掴めなくても脇の下と手首でしっかり固定できればOKです。

06

相手の剣をしっかり掴んだら、相手のポンメルが時計回りに回転するように動かすとディスアームできます。相手が剣をそれほど強く握っていなければ、抱えた剣を真下に下げるだけでもディスアームできます。

07

ディスアームできたら、すかさず右手で持った自分の剣で攻撃します。

応用の攻撃6 ハーフソードとプレートアーマー
Half-Sword vs Plate Armor

ハーフソードは、プレートアーマーのような重装備の相手と戦うためのテクニックです。プレートアーマーには弱点がほとんどなく、通常の剣の攻撃では鎧とその着用者にダメージを与えることができません。しかしハーフソードならそれが可能です。

ハーフソードでは鎧の隙間を狙います。具体的には、ヘルムのアイスロット（目の隙間）、首、脇の下、ガントレットのカフスの隙間、股間などです。ハーフソードの戦いは、その性質上接近戦が多くなり、しばしばレスリングに発展します。ここでは、ハーフソードのコンセプトを理解していただくために、もっとも基本的な戦い方をご紹介していきます。

※王冠マークのついた人物が、この技をデモンストレーションしています

ハーフソードの構え方

右手はサムグリップで柄を握り、左手でブレードの真ん中あたりを掴みます。ブレードの握り方には他の方法もありますが、ティンタジェルで採用しているのは、フラット部分のみを握り、刃の部分に掌や指がかからないようにするやり方です。

脇の下への攻撃

Thrust to the Armpit

ハーフソードでの
基本的な突き方です。

01

ハーフソード同士でバインドしたところ。

02

相手の脇の下を狙って突き始めます。

03

このとき、自分の胸にポンメルを押し当てておきます。

04

そのままステップし、相手の脇の下に剣を突き刺します。

01

脇の下への攻撃 2

Thrust to the Armpit 2

こちらはハーフソードから
片手の突きへの変化技です。

ハーフソードでバインドしたところから……

02

左手を離し、相手の剣を押しのけます。

03

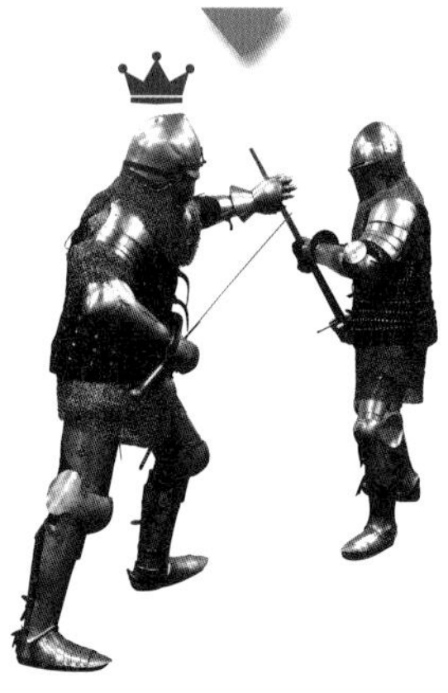

04

同時に右手で剣を引き……

05

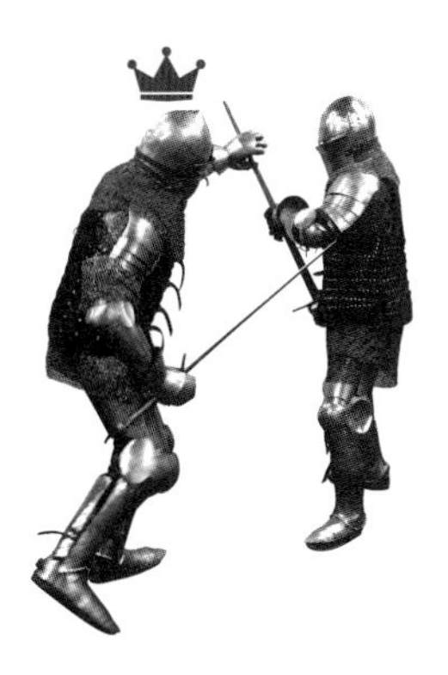

重心を前に移動させながら、左手で相手の剣を押し続けると、相手の脇の下が開きます。

パスして相手の脇の下を突きます。

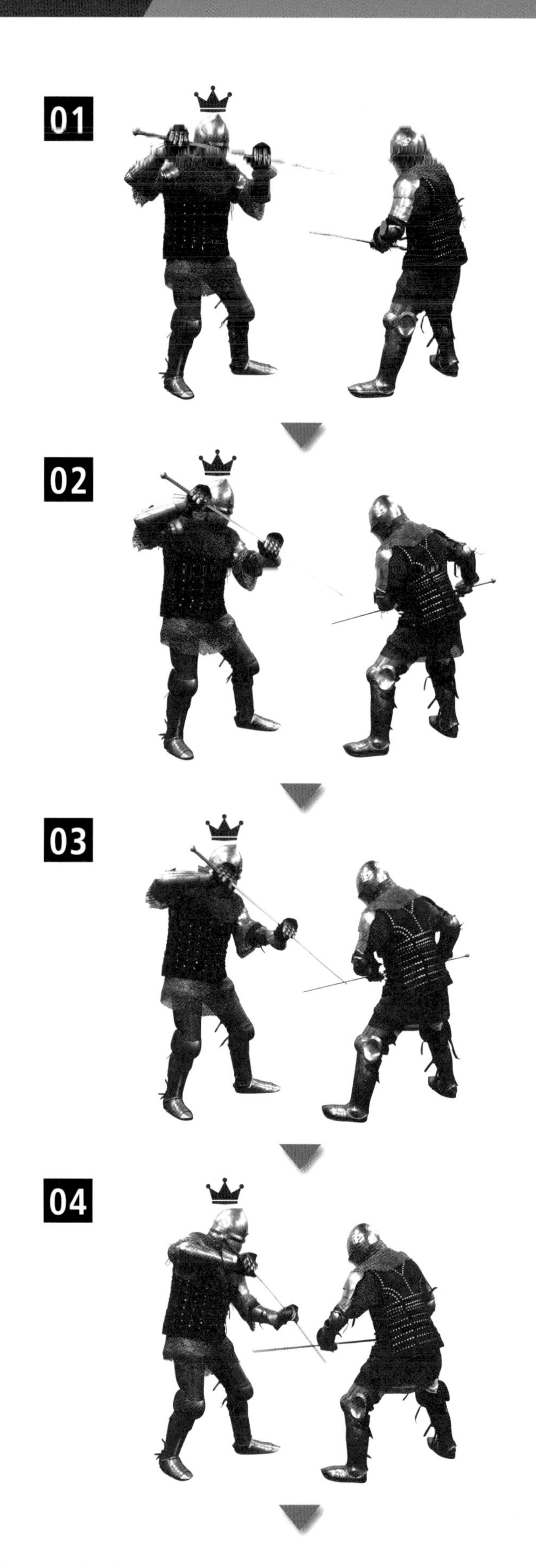

首への攻撃
Thrust to the Neck

相手がハーフソードで
こちらの股間を狙ってきたときの
カウンターテクニックです。

ハーフソードの構え。こちらは相手の首を、相手はこちらの股間を狙っています。

相手がこちらの股間を突いてきたら……

切っ先を下げ、外側から相手の剣を押します。

相手がこれを押し返す力を利用して、今度は右手でポンメルのほうを下げるようにします。

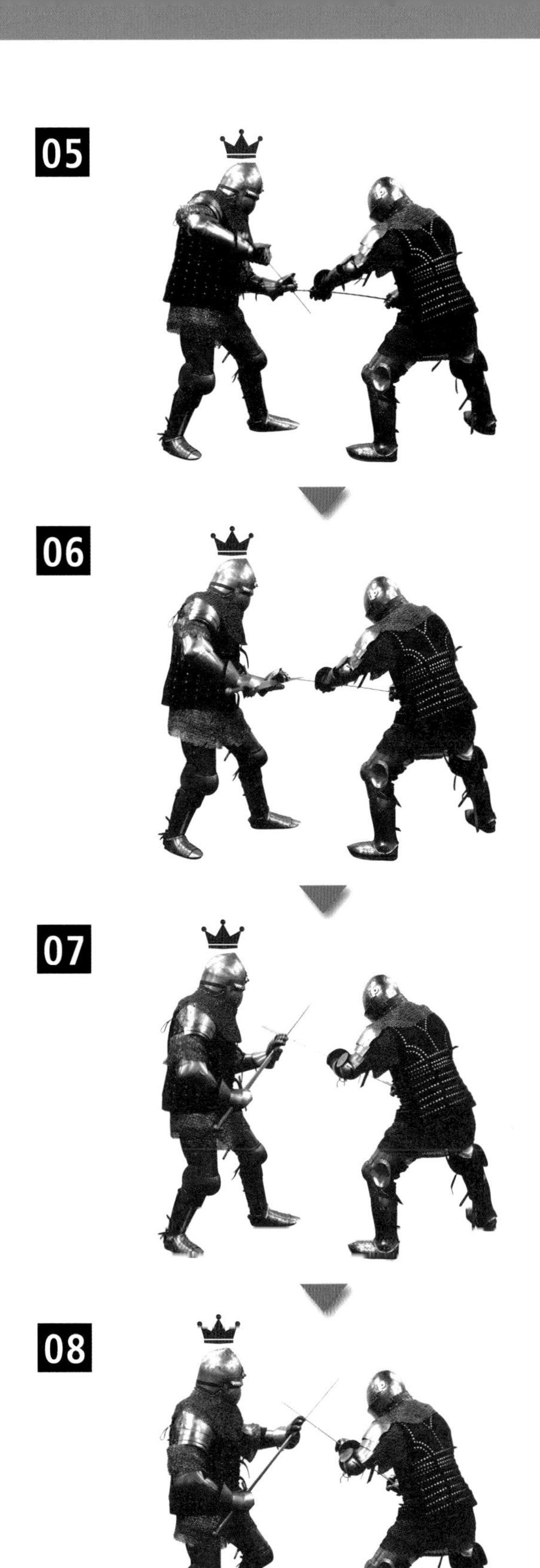

自分の剣が時計周りに回り……

剣が相手の内側に入ります。

そのまま切っ先を相手の喉に向けて突きに入ります。

09

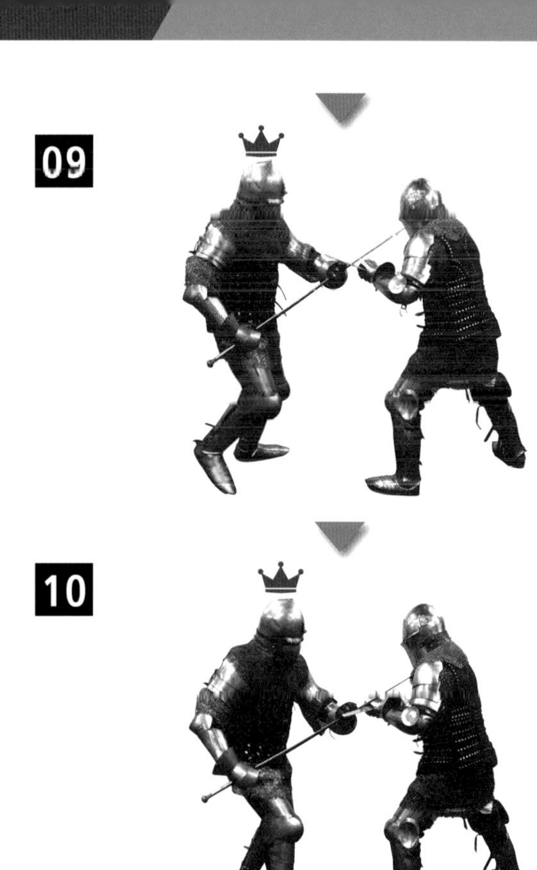

狙いが定まったところでパスし始めます。

10

11

これで相手の喉に切っ先が刺さります。この角度で剣を前に押し出すと、ヘルムと首鎧の隙間に剣が入るからです。

Part 7

ポールアームと槍

Polearm and Spear

イントロダクション
Introduction

　本章のタイトルは「ポールアームと槍」ですが、本来は槍もポールアームに含まれます。「ポールアーム」（「ポールウェポン」または「スタッフウェポン」とも）という名称は、棒（スタッフ）、槍、鉾斧（ポールアクス）など、長い柄のついたすべての武器を指すからです。しかしながら、多くの人が槍とポールアームを別物ととらえる傾向があるため、ここではあえてタイトルに「槍」を入れました。

　ポールアームの戦い方には様々なスタイルがあり、それらはどれも、棒（スタッフ）の戦闘テクニックを下敷きとしています。フランスの『ジュー・ド・ラッシュ』、ドイツのタルホッファーやマイヤー、メイヤーといった有名な著作でも、棒（スタッフ）の戦闘テクニックはポールアームのテクニックの基本とみなされています。

　形状も技も多岐にわたるポールアームですが、本書では主にポールアクスと槍に焦点をしぼり、初心者に最低限必要な基本のスキルをご紹介しています。

各部の名称
Pole Weapon Terminology

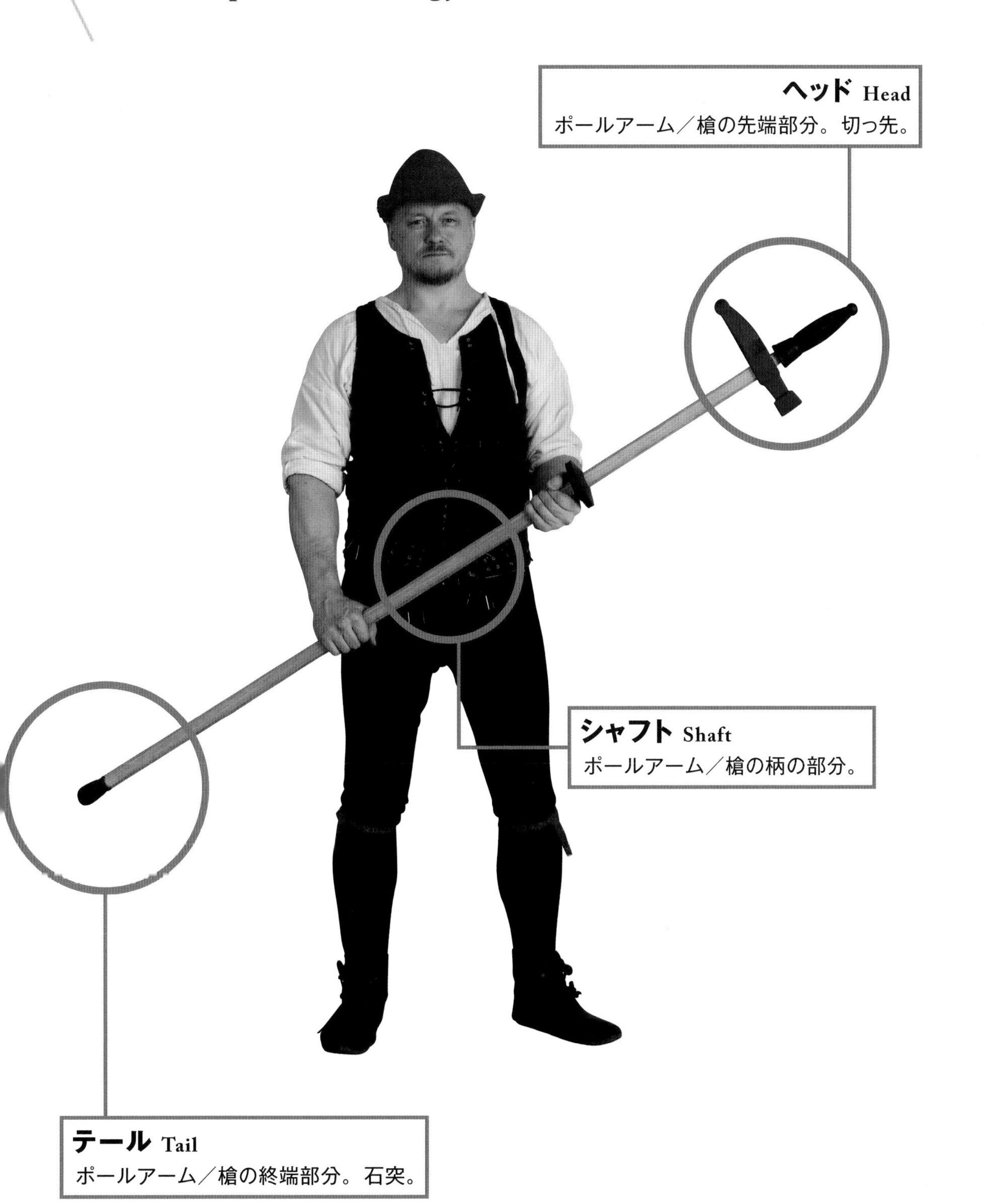

基本のグリップ
Basic Grips for Polearm and Spear

ポールアームの戦いは非常にダイナミックです。武器の様々な部位を利用した攻撃があり、握り方や持ち手の位置も絶えず変化します。

ここではまず握り方を覚えましょう。握り方を変えることで、力の方向を変えることができます。ポールアームと槍の握り方には、以下の三種類があります。

両手の親指がどちらも前（ヘッドの方）を向く

両手の親指がどちらも後ろ（テールの方）を向く

両手の親指が内側で向き合う

持ち手の位置
Basic Hand Positioning

握り方を覚えたら、次は手の位置を学びましょう。シャフトのどこを持つかによって、射程距離とコントロールのしやすさが変化します。持ち手の位置には「クォータースタッフ」と「ハーフスタッフ」の二種類があります[注9]。クォータースタッフもハーフスタッフも、槍を含むすべてのポールアームで使うことができます。

［注9］これらはキャッスル・ティンタジェルのクラスで便宜上使っている呼び方であり、歴史的・一般的な名称ではありません。

クォータースタッフ Quarter-Staff

テールに近いところを握る持ち方です。ただしテールの先端は、戦いが至近距離になったとき、バットストライク（158ページ）ができるように、少し空けておきましょう。クォータースタッフは射程距離が長くなる半面、相手の武器とバインドしたときのコントロールはしにくくなります。

ハーフスタッフ Half-Staff

ハーフスタッフでは、ヘッドから前側の手までの距離と、後ろ側の手からテールまでの距離がほぼ等間隔になります。バインドしたとき強固な力を発揮できると同時に、相手の力に影響されることも少なくなります。また、バットストライク（158ページ）などのテールを使った攻撃がよりしやすくなります。このスタイルは、タルホッファーのポールアクスに関する記述に最もよく見られます。

基本の攻撃 1 オンサイド オーバーハウ
Onside Oberhau

ここではポールアームのオーバーハウについて学びます。まずは全体の流れを写真で見てから、初心者にありがちな間違いをご紹介しましょう。正しい姿勢と動きでオーバーハウが出せるようになるまで、繰り返し練習してください。

※王冠マークのついた人物が、この技をデモンストレーションしています

相手が射程に入ったら、まず武器が動き始めます。

重心が前に移り始めたところで、後ろ脚が前に出始めます。

03

両腕でポールアームを振り始めます。次項の「ありがちなミス」も参考にしてください。

04

体全体を使って武器を振りぬきます。

05

切っ先が相手に命中します。

ありがちな間違い Common Mistakes

ポールアームでオーバーハウをするとき、初心者がしばしばおかしやすいミスがあります。ポイントがわかりやすいように、勝者の位置を入れ替えた連続写真でみていきましょう。左が悪い例、右が正しい例です。左右を見比べながら、正しい動きをマスターしてください。

※王冠マークのついた人物が、この技をデモンストレーションしています

悪い例

左右の写真で手の位置を見比べてください。こちらの写真は右手だけが動き、左手が動いていません。

打ち下ろすときも右手だけを使い、左手は振り始めと同じ位置にあるため、左肘が曲がったままです。

腕の力だけで振り下ろすことになるため、打撃が深く入りません。

正しい例

右手とともに、左手も前に出ています。

右手で打ち下ろすと同時に、腰の力を使って左手を引いているので、左肘が伸びています。

打撃は深く、全身の力がポールアームに伝わります。

基本の攻撃２ 槍のランススラスト
Lance Thrust with Spear

ランススラストは、ポールアーム全般で使うことができ、クォータースタッフおよびハーフスタッフのどちらでも使えるテクニックです。腕を伸ばしきっていないので、バインドしても押し負けにくく、切っ先のコントロールも容易です。必要に応じて、シャトルスラスト（154ページ）に変更できます。

※王冠マークのついた人物が、この技をデモンストレーションしています

01

攻撃の始まり。ターゲットは相手のボディです。写真ではクォータースタッフで持っていますが、ハーフスタッフでも同じことができます。

02

切っ先の位置はそのまま、脇を締め、右手を上げます。

03

右手を胸に引きつけ、自分の体と両腕で、槍をしっかり支えます。

04

槍を前方に伸ばします。このときはまだ足を動かさないこと。

05

武器を伸ばしきってから前にステップします。

06

相手のボディに槍が命中します。

基本の攻撃３ 槍のランススラスト２
Lance Thrust with Spear in Armor

同じ技を、鎧を着た状態で見てみましょう。前項では相手のボディを狙っていましたが、今回は首を狙います。

※王冠マークのついた人物が、この技をデモンストレーションしています

01

攻撃の始まり。この時点で、槍の切っ先はすでに相手の首をポイントしています。

02

切っ先はそのまま、右手を上げていき……、

03

脇の下で槍をしっかり固定してから……、

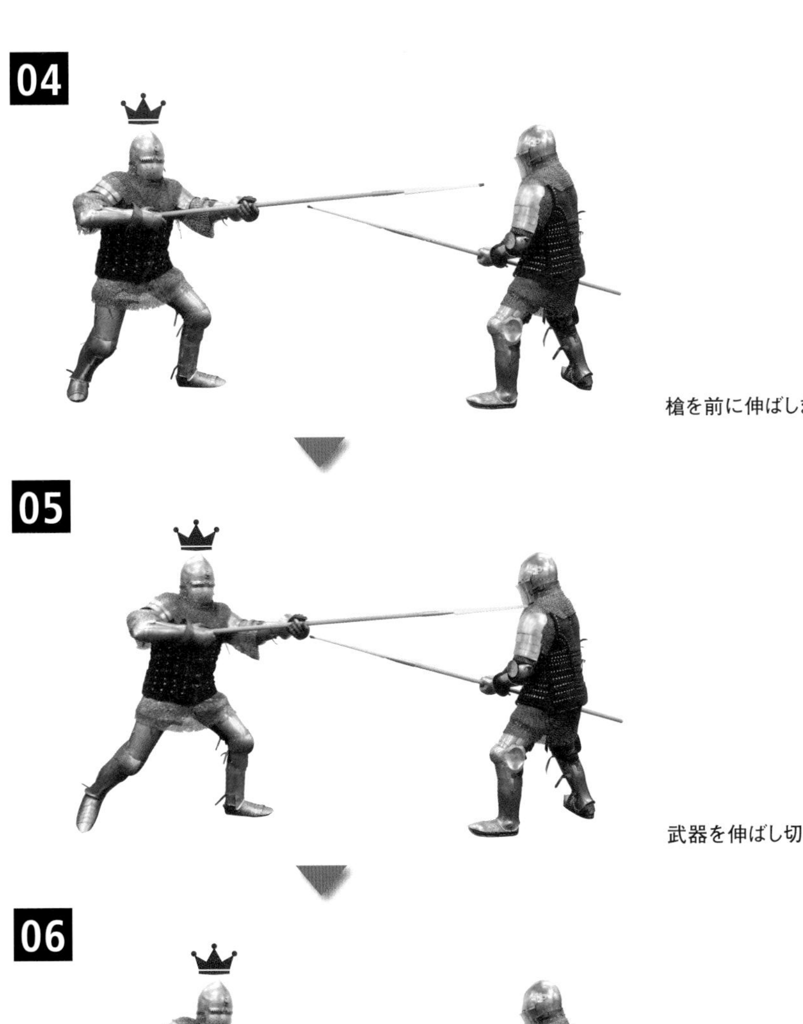

04

槍を前に伸ばします。

05

武器を伸ばし切ったら前にステップ。

06

切っ先が相手の首に命中します。

基本の攻撃4 槍のシャトルスラスト
Shuttle Thrust with Spear

シャトルスラストは前項のランススラストに比べ、射程が長くなるのが特徴です。ランススラストよりスピードが速く、かつ遠くまで届きますが、穂先にかかる力は弱く、簡単に払いのけられるため、使いどころを選ぶ技です。ランススラスト同様、ポールアーム全般で使うことができますが、ここでは槍の例をお見せします。

※王冠マークのついた人物が、この技をデモンストレーションしています

攻撃の始まり。射程距離を最大限まで伸ばすため、クォータースタッフで構えています。

最初に両手を前に突き出します。このとき、焦って槍をスライドさせないこと。

03

後ろの手(写真の例では右手)で槍をスライドさせます。このとき、スライドしすぎて手と手がくっついてしまわないように気をつけましょう。手と手の距離が近すぎると、重さでヘッドが落ちてしまいます。ヘッドの高さを維持できるところまでスライドする、と覚えておくと便利です。

04

槍を伸ばし切ったところで前にステップすれば、遠距離からでも相手を突くことができます。

基本の攻撃５ 槍のオーバーヘッドスラスト
Overhead Thrust with Spear

オーバーヘッドスラストは、中世の彫刻や絵画などに見られる技で、通常は両手の親指が内側を向く握りで行われたようです。中世の教本では、この技についてほとんど言及されていませんが、実際にはかなり強烈な突きであり、同時に相手の武器を押しのける威力もあります。ポールアーム全般で使うことができますが、ここでは槍の例をお見せします。

※王冠マークのついた人物が、この技をデモンストレーションしています

01

攻撃の始まり。両手の親指は内側、クォータースタッフで構えています。ターゲットは相手のボディです。

02

切っ先は相手のボディをポイントしたまま、両腕で槍を上げていきます。

03

04

頭上まで槍を上げたら、槍を前に伸ばします。

05

槍が前に伸びきったら前ステップ。

06

切っ先が相手のボディに命中します。

基本の攻撃６ バットストライク
Butt Strike

接近戦では、多くの場合、ポールアームの切っ先だけでなく石突も使います。ポールアームの石突は、木製の柄に過ぎないこともあれば、鉄製のスパイクがついていることもありました。いずれにせよ、石突を使った攻撃は有効な二次攻撃です。ここではポールアクスの例を見ていきましょう。

※王冠マークのついた人物が、この技をデモンストレーションしています

01

攻撃の始まり。ポールアクスをハーフスタッフで構えています。両手の親指が前方を向いた握りです。

02

左手で武器を押し上げると同時に、右手で武器を引き下げると、ポールアームの石突が上がります。

03

そこから武器を前に押し出し……

04

武器が伸びきったところで前にステップします。

05

石突が相手のボディに命中します。

応用の攻撃 1 バインド・ワインド

Bind/Wind in Armor

ロングソード同様、ポールアームでも、安全に戦うためにはバインドとヴィンデン（124ページ）の理解が不可欠です。ひとたび武器同士が接触したら、攻撃者はバインド状態を維持することで優位性を維持し、武器のテールを上げて、ターゲットと武器を一直線上に揃えます。

※王冠マークのついた人物が、この技をデモンストレーションしています

01

攻撃の始まり。どちらも右のフォムタークに構えています。

02

どちらも右のオーバーハウで相手に打ちかかるため……、

武器同士がバインドします

04

バインドしたときの感覚で、相手の力の向きがわかります。このケースでは、相手の力がこちらの体の中心に向かっています。

05

テールを上げ、ターゲット（このケースでは相手の首）の位置とポールアームが一直線に揃うようにします。

06

そのまま突けば、武器の切っ先が相手の首に命中します。

応用の攻撃２ バインドからバットストライクまで
Hard Bind, Transition to Butt Strike

バインドからバットストライクまでの流れを、鎧を着た状態で見てみましょう。前半部分で右側の攻撃者はバインドからの攻撃を試みますが、相手が強く防御するため、攻撃をバットストライクに変更しています。

※王冠マークのついた人物が、この技をデモンストレーションしています

01

攻撃の始まり。どちらも両手の親指が前、ハーフスタッフでポールアームを構えています。

02

どちらも右のフォムタークから、オーバーハウで相手を攻撃します。

03

ここでバインド状態になりました。

04

武器のテールを上げ、バインド状態を保ったまま相手を突きにかかります。ここまでの流れは、前項の「バインド・ワインド」と同じです。

05

相手がこの突きを防御するため、こちらの武器を強く押しのけます。

その力を利用し、ポールを反転させて石突での突きに切り替えます。

07

武器の向きと足の動きに注目。石突がターゲットにまっすぐ向いてから足を踏み出しましょう。

後ろ足が着地する勢いを使って、石突を相手に突き込みます。

応用の攻撃３ バインドから投げ技まで
Aggressive Bind: Transition to Durchlauffen in Armor

この例では、前項･前々項同様、双方のファイターがバインド状態に入ります。そこから相手が積極的に前進してきた場合の対応策として、ドゥルヒラウフェン（126ページ）があります。鎧をつけた状態で見ていきましょう。

※王冠マークのついた人物が、この技をデモンストレーションしています

01

攻撃の始まり。今回、相手は両手の親指が前、こちらは両手の親指が向き合う形でポールアームを握っています。

どちらも右のフォムタークからオ　バ　ハウで攻撃し……

バインド状態になるところまでは、前項と同じ流れです。

こちらが相手の顔に切っ先を向けようとすると、相手はこれを嫌い、強い力で自分の切っ先をこちらに向けようとします。

こちらがテールを上げると、バインドしていた相手の武器が滑り落ち、相手の体が（相手から見て）左に回転します。

相手の武器に押し下げられる形で、自分の武器のヘッドが下がります。このタイミングでポールを反転させます。

08

09

テールを相手の顔の前、左足を相手の脚の裏側へもっていき……

10

自分の前腕とポールで相手の体をしっかり挟みます。

11

そのまま、自分のポールを前に押し出すと……

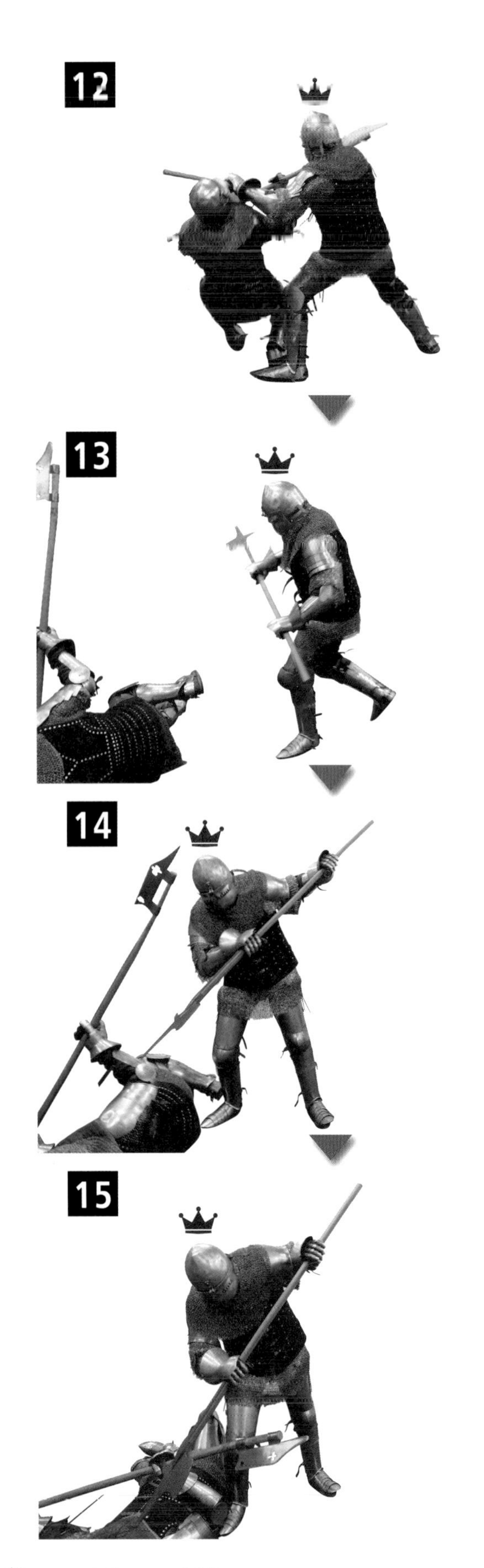

梃子（てこ）の原理で相手を倒すことができます。

倒した相手に、突きでとどめを刺します。

必ず複数回刺すようにしましょう。

応用の攻撃 4 ヴェクセルン
Wechseln

ヴェクセルンは、相手の攻撃の背後（＝相手の攻撃が通り過ぎた側）を取るテクニックです。相手が攻撃してきたら、こちらは自分の武器の背面で攻撃します。これにより、こちらが有利な位置を取り、そこから打撃や投げ技に移ることができます。

※王冠マークのついた人物が、この技をデモンストレーションしています

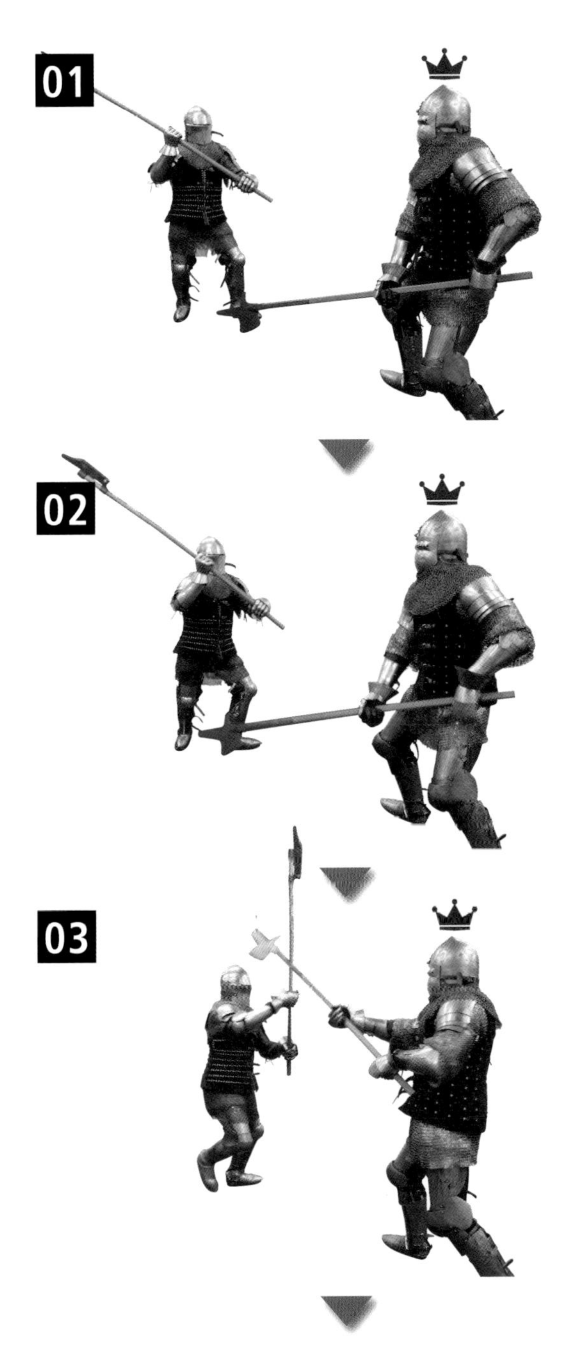

01
攻撃の始まり。相手のフォムタークに対し、こちらはアルベアに構えています。

02
オーバーハウで攻撃してくる相手のポールの背面を、自分の武器の背面で攻撃します。

03
こちらの武器の背面が、相手のポールの背面にヒットしたところ。

この攻撃の方向は、相手の掌が開く方向と一致しているため……、

相手が武器を取り落とします。

相手はディスアーム(武装解除)された上、体が真横を向いてしまっています。

ここから突きや打撃でとどめを刺します。

付録
Appendices

基本のエクササイズ

Basic Exercise for Training

ここでは、皆さんに日々——道場やジムに来ていないときも——やっていただきたいエクササイズについてお話しします。

一般的な武道同様、中世武道の習得にも、ある程度の身体的な強度が必要です。

しかしながら、日本で中世武道を志す人の多くが、学校で教わる体育以外、運動らしい運動をしたことがないというのが現状です。というのも、剣道や柔道、空手などに比べ、中世武道はまだまだマイナースポーツの域を脱しておらず（2020年現在）、入門者の多くが、このスポーツを始めるまでは歴史研究やゲーム、読書といった文系の趣味しかやってこなかったからです。

ですので、ここでは武道向けの体力づくりがまだできていない方を対象にしたメニューをご紹介します。

運動経験がすでに十分あり、エクササイズのやり方も心得ている方は、以下の種目の中から役に立ちそうなものをピックアップし、ご自身のメニューに加えてみてください。

エクササイズの準備

エクササイズを始めたばかりの段階では、特別なウェアは必要ありません。運動しやすい普通の服——Tシャツやスウェットパンツ、履きなれた運動靴で十分です。

初めのうちは、自重トレーニングに集中してください。ベンチプレスやダンベルなど、特別な道具は必要ありません。

基本の5種目

初心者の方は、まず以下の5種目に取り組みましょう。

1. **プッシュアップ（腕立て伏せ）**
2. **クランチ(1)またはシットアップ(2)（腹筋）**
3. **スクワット**
4. **プランク**
5. **ヒップスラスト（テーブル）**

（1）クランチ：腰が地面から離れない範囲で上体を起こす
（2）シットアップ：腰が完全に離れるまで上体を起こす

プッシュアップ（腕立て伏せ）

腕を肩幅に開き、肩の真下に手をついた状態からスタートします。両腕を曲げ、胸が地面につくまで体をおろしたら、元の位置まで戻します。頭から足の先までまっすぐ伸ばした状態で行いましょう。背中を丸めたり、お尻だけが上がったりしないこと。どうしても体が上がらない人は、膝をついた状態でできるようになるまで練習してください。

ひねりを入れたシットアップ（腹筋）

両膝を軽く曲げ、仰向けに寝た状態から上体を起こします。写真ではひねりを入れていますが、最初のうちは上体をまっすぐ起こすだけで結構です。上半身全体を起こせない人は、両肩だけを地面から上げる「クランチ」を行ってください。

スクワット

スクワットを行う上で重要なポイントは、両膝が爪先より前に出ないようにすることと、両足の親指側に重心を置くことです。バランスが崩れやすい人は、写真のように両腕を前に出して行ってください。しゃがみこんだとき、足の小指側に体重が寄ってしまう人は、親指側に体重を乗せるように意識しながら練習しましょう。

プランク

両手と両足を肩幅に開き、両肘を地面に垂直になるようにつきます。プッシュアップ同様、背中のラインがまっすぐになるように姿勢をキープしてください。初心者の方は1セットあたり20秒からスタートし、徐々にキープする時間をのばしていきます。1セット60～90秒くらいキープできるようになるまで練習しましょう。

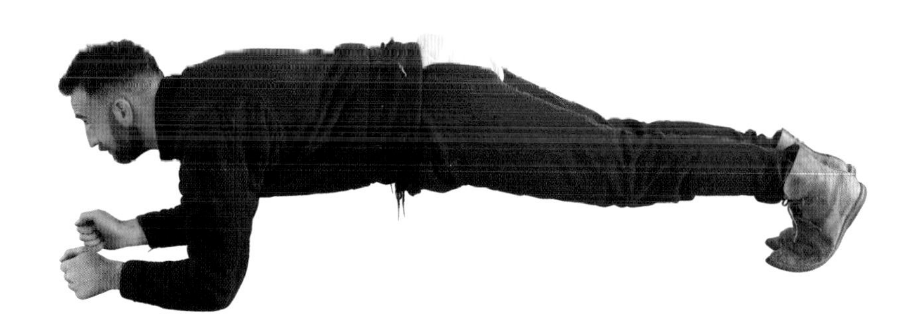

ヒップスラスト（テーブル）

両膝を曲げ、両足を肩幅に開いて床に座ります。かかとを踏ん張り、お尻の筋肉を使って体がまっすぐになるまで持ち上げます。このとき腰を反らせたり、腿の前面に力を入れたりしないこと。

エクササイズへの取り組み方

エクササイズ初日は、ご自分の今の体力がどの程度か知るために、プッシュアップ、スクワット、クランチまたはシットアップの3種目を各10回ずつ、合計3セット試してみてください。余裕があればプランクなどの種目を追加したり、回数やセット数を増やします。無理そうなら、できる範囲まで回数を下げて調節しましょう。

プッシュアップができない人は、両膝を立てて行ってください。

シットアップが難しい人は、クランチで代用してください。

最初のうちは、回数をこなすより習慣化することを目標に行います。朝の洗顔前、就寝前など、毎日決まった時間帯に行う癖をつけましょう。仕事などで時間が取れないときは、1種目、1セットずつでもかまいません。毎回完璧にできなくても、毎日続けることで効果は必ず出てきます。

エクササイズのセット数は、段階的に伸ばしていきましょう。「毎日、各種目を10回ずつ1セット」。これを2週間続けられたら、「各種目を10回ずつ2セット」。それも2週間続けられたら「各種目を10回ずつ3セット」というふうに、少しずつハードルを上げていきましょう。

エクササイズの習慣がついたら

毎日のエクササイズに慣れてきたら、他の種目もルーティンに加えましょう。最終的には、プッシュアップ、スクワット、シットアップ、プランク、ヒップスラスト（テーブル）の5種目すべてを毎日できるようになるのが目標です。

もっと鍛えたい方は、シットアップに左右のひねりを加えたり、上記5種目にバーピー(3)を追加したりしてください。

上記すべてをクリアしたあなたは、カードトレーニング(4)に挑戦してみましょう。

(3) バーピーのやり方は以下のとおりです。
1. 自然な姿勢で直立する。
2. しゃがんで、足の両側、やや斜め前方に両手をつく。
3. その状態から両足を後ろに蹴り出し、プッシュアップの姿勢になる。
4. プッシュアップを1回行う。
5. 足を元の位置に戻す。
6. 勢いよく立ち上がり、そのまま軽くジャンプする。

(4) トランプを使ったエクササイズ。52枚のトランプ+ジョーカーを伏せたまま、上から順に引いていき、スペードが出たらプッシュアップ、ハートが出たらシットアップ、ダイヤが出たらスクワット、クラブが出たらヒップスラストを、それぞれカードに書かれた数だけ行う。絵札はどの種目も10回ずつ。エースは11回、ジョーカーが出たらバーピーを10回。これをカードがすべてなくなるまで繰り返す。

よく使う用語集 Glossary

ここでは騎士道を学ぶ上で、特によく使われる用語を抜粋してご紹介します。

攻撃の種類を表す用語

※王冠マークのついた人物が、
この技をデモンストレーションしています

ハウ Hauen

剣の刃の部分で相手を叩き斬る攻撃。充分に力が乗ったハウは、軽装備（012ページ）以下の敵を一撃で倒す威力があります。

シュティッヒ Stechen

切っ先で相手を突く攻撃。狙いが適切であれば、相手に致命傷を負わせることができます。

シュニット Schnitte

剣の刃の部分で相手を引き切る（スライス）攻撃。鎧なしの敵を負傷させることができますが、軽装備（012ページ）以上の敵に対しては無効です。

剣の刃を相手にしっかり押し当て、押したり引いたりします

ドライヴンダー Drei Wunder

ハウ、シュティッヒ、シュニットの3つの攻撃を総称して「ドライヴンダー」といいます。

相手との距離を表す用語

　キャッスル・ティンタジェルの騎士道レッスンでは、相手と自分との間の距離＝射程を、以下のように定義しています。

※王冠マークのついた人物が、
この技をデモンストレーションしています

アウトオブレンジ Out of Range

　射程外。一歩**パス**（020ページ）しても、武器が敵に届かない距離。

ロングレンジ Long Range

　一歩パスすれば、武器が敵に届く距離。

ミディアムレンジ Medium Range

一歩**ステップ**（018ページ）すれば、武器が敵に届く距離。

ショートレンジ Short Range

一歩も動かなくても、武器が敵に届く距離。

ゼロレンジ（またはレスリングレンジ） Wrestling Range

一歩も動かなくても、相手の身体をつかむことができる距離。

戦況を表す用語

フォア Vor

戦闘中、自分が優勢である状態を指す言葉。自分がフォアでいる間、あなたは戦いの主導権を握っています。どう動き、どう攻撃するかはあなたに決定権があり、相手はあなたの動きに対応することしかできません。

ナッハ Nach

戦闘中、自分が劣勢である状態を指す言葉。自分がナッハでいる間、戦いの主導権は敵にあり、あなたは相手の攻撃に対応することしかできません。ナッハの状態になったら、すみやかにそこから離脱（＝アブツーグ　182ページ）することを考えなければなりません。

向かって左のファイターがフォア、右のファイターがナッハの状態

インデス Indes

戦闘中、どちらのファイターも主導権を握っていない瞬間を指す言葉。「インデス中の戦い」とは、戦闘中、どちらのファイターも主導権を握っていないときに、一方のファイターがフーレン（186ページ）を使って状況を認識し、適切なテクニックを選択してイニシアチブをとることをいいます。

たとえば、2人のファイターが武器をバインド（186ページ）し、その瞬間はどちらも主導権をとっていなかったとします。しかし次の瞬間、一方のファイターが相手のバインドが強すぎることに気づき、ハードバインド（186ページ）に適したカウンター技を適切に仕掛ければ、相手はこれに反応するしかなくなり、仕掛けた側が主導権を握ることになります。この、主導権がない状態から次の技に移るまでの間がインデスです。

戦闘中の局面を表す用語

※王冠マークのついた人物が、この技をデモンストレーションしています

ツーフェヒテン Zufechten

戦う前に、アウトオブレンジ（178ページ）で相手の力量を見定めたり、戦略を練ったりしている局面をツーフェヒテンといいます。

アウトオブレンジで相手を見定め、戦略を練ります

戦略どおりにいけば、最初の攻撃で相手を倒すことができます

クリーグ Krieg

戦闘局面。ツーフェヒテンから斬り合いに移行すると、双方の動きは高速になり、いちいち作戦を考えている時間はなくなります。頭で考えず、相手の動きに反応して動いている状態をクリーグといいます。

アプツーグ Abzug

退却。クリーグの中で、自分がナッハ（180ページ）になったら、速やかに戦闘から離脱しなければなりません。この離脱の局面をアプツーグといいます。

クリーグ（戦闘）中、自分がナッハ（劣勢）になったら……

速やかに退却（アプツーグ）に移ります

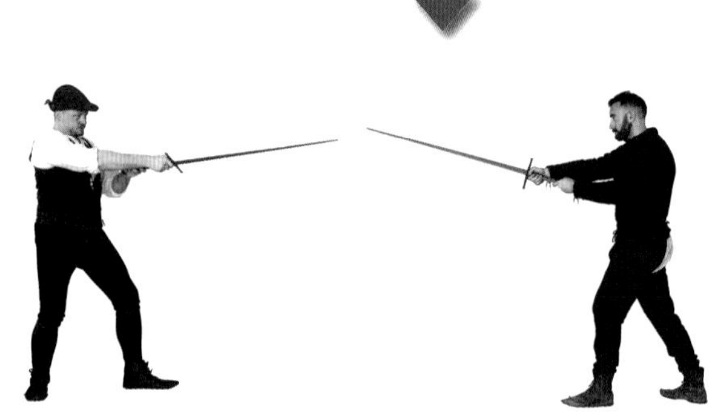

アプツーグでは、自分の体が先、武器が後から下がります。切っ先を常に相手のほうに向け、相手が追い打ちをかけられないようにしましょう。

アプツーグでいったん敵から離れ、態勢を立て直した後は、再びツーフェヒテンに戻って戦略を立てます。つまり、ツーフェヒテン⇒クリーグ⇒アプツーグの流れは、勝負がつくまで図のように循環します。

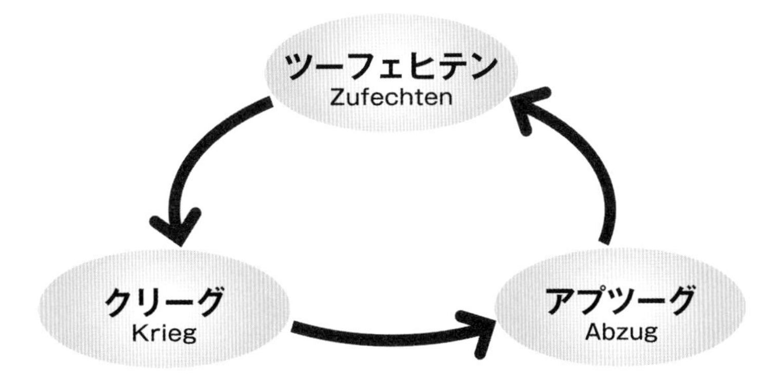

武器の部位の強弱を表す用語

ストロング Strong

剣の刃の中心より手前側の部分。

ウィーク Weak

剣の刃の中心より切っ先（＝ポイント）寄りの部分。

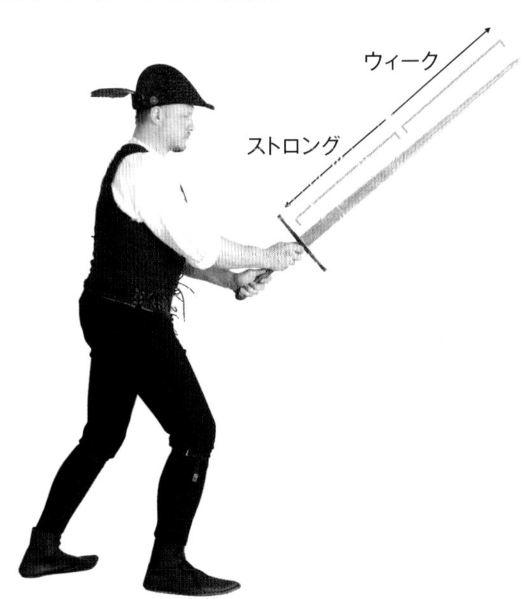

攻撃の方向を表す用語

オンサイド Onside

攻撃者が使っている手と同じ側を「オンサイド」といいます。たとえばあなたが右利きだったとして、相手の左側（＝相手から見て左）を攻撃した場合、あなたはオンサイドターゲットを攻撃したことになります。使用する武器や持ち方によっては例外もありますが、初心者のうちは「自分の利き手側＝オンサイド」と覚えておくといいでしょう。

オフサイド Offside

攻撃者が使っている手と逆の側を「オフサイド」といいます。たとえばあなたが右利きだったとして、相手の右側（＝相手から見て右）を攻撃した場合、あなたはオフサイドターゲットを攻撃したことになります。使用する武器や持ち方によっては例外もありますが、初心者のうちは「自分の利き手とは反対の側＝オフサイド」と覚えておくといいでしょう。

■オフサイドとオンサイド

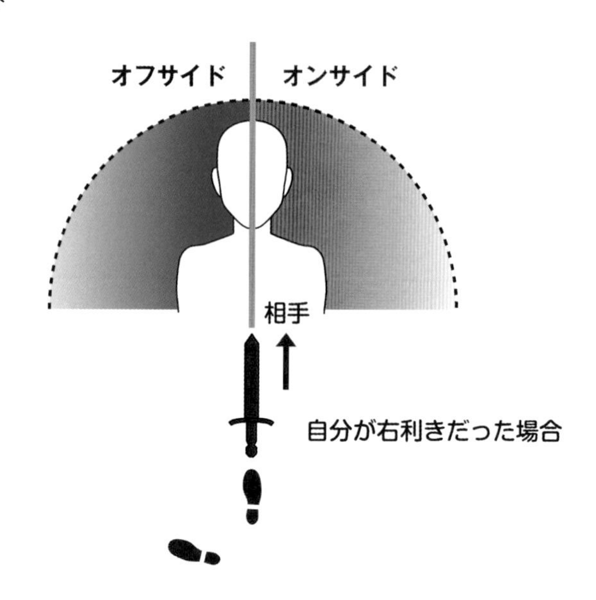

インサイド Inside

「インサイド」と次項の「アウトサイド」は、相手を攻撃する際の移動の方向を表す概念です。相手が（相手にとっての）左足を前に立っている場合、その左足より内側、すなわち相手から見て右側への攻撃や移動を「インサイド・アタック」と言ったり、「相手のインサイドへ移動する」と言ったりします。

アウトサイド Outside

前項のインサイドの反対側を表す概念です。相手が（相手にとっての）左足を前に立っている場合、その左足より外側、すなわち相手から見て左側への攻撃や移動をそれぞれ「アウトサイド・アタック」「アウトサイドへの移動」といいます。

■インサイドとアウトサイド

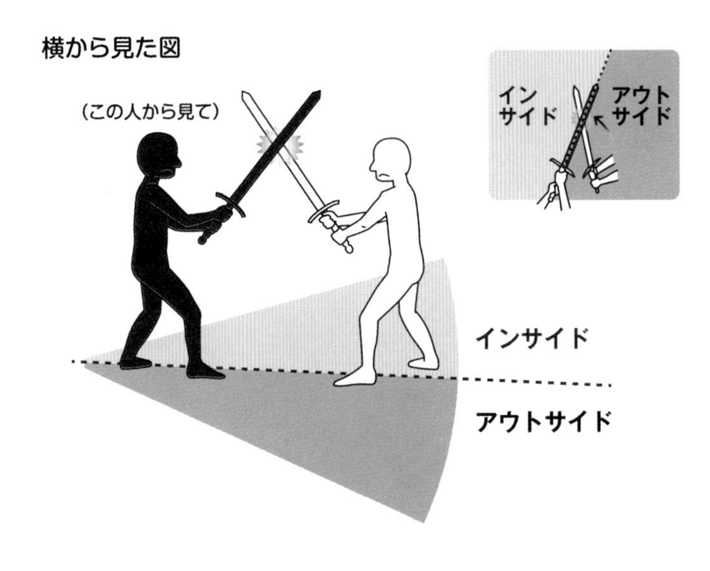

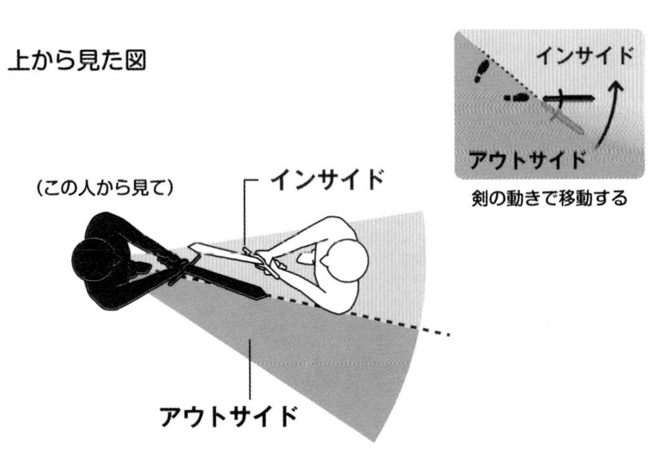

その他

バインド Bind

互いの武器が接触した状態。双方が相手のどこをターゲットにしているかによって、**ソフトバインド**から**ハードバインド**まで強さの範囲があります。

下図のように、自分から見て、相手の中心から右をターゲットにしているとき、バインドはソフトバインドとなります。相手のちょうど中心をターゲットにしているときもソフトバインドです。

自分から見て、相手の体の中心より左側をターゲットにしているとき、そのバインドはハードバインドとなります。

ソフトバインドもハードバインドも、相手の肩より外に狙いが逸れてしまうと攻撃は当たりません。

※左利きの人は、この説明の左右を入れ替えてお読みください。

剣のバインド

槍のバインド

■ハードバインドとソフトバインド

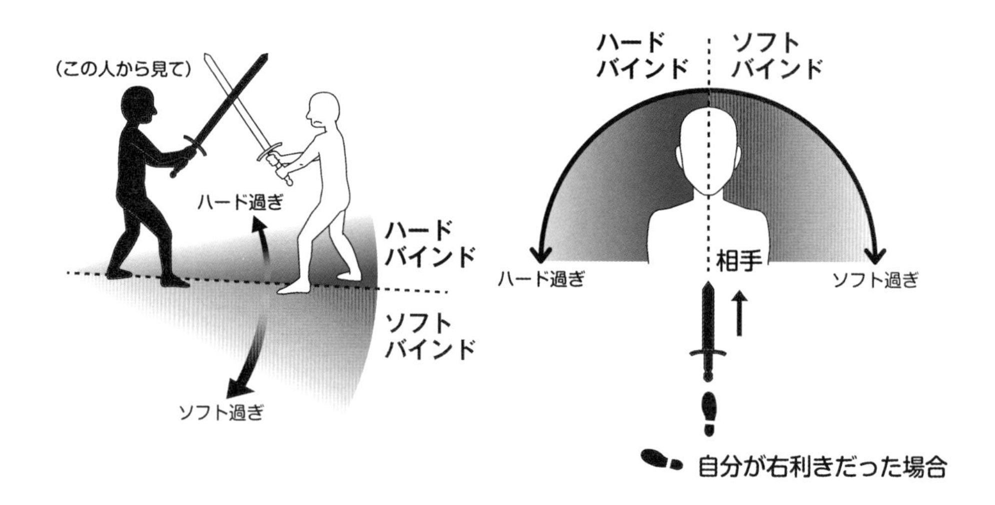

フーレン Fühlen

互いの武器がバインド（前項参照）した状態で感じる相手の力の方向や強さ。

ライトバトルのルールセット（2019年版）

ビギナールール Beginner Rules

パンチ・キック・レスリング禁止。
武器の柄頭（ポンメル）による攻撃は禁止。
剣先やブレード部分が少しでも相手に触れれば、その攻撃は有効とする。
手・腕・脚への武器によるヒットは各1ポイント。
2ポイント制なら2ポイント、3ポイント制なら3ポイント先取したほうが勝ち。
相手の頭もしくは胴体をヒットした場合、その時点で勝ち。

アドバンスルール Advanced Rules

パンチ・キック・レスリングあり。ただしパンチとキックはポイント対象外。
剣先やブレード部分が軽く触った程度の攻撃は基本的に無効。
手・腕・脚へのヒットは各1ポイント。
武器の柄頭（ポンメル）によるヒットは、両手剣で顔面をヒットしたときのみ有効で1ポイント。
3ポイント先取したほうが勝ち。
頭または胴体へのヒット、およびレスリングで相手を倒した場合、その時点で勝ち。

ファーストタッチルール First Touch Rules

相手の体のどこでも、武器で先に触れたほうが勝ち。
剣先やブレード部分が少しでも相手に触れればその時点で触れたほうの勝ち。

アーマードバトルのルールセット（2019年版）

010ページでも述べたとおり、アーマードバトルのルールセットは、当時の騎士の実戦テクニックにより近い戦い方ができる**ハニシュフェヒテン**Harnischfechtenと、中世のトーナメントファイトを模した**ボハート**Buhurtスタイルに大別されます。

以下はそれぞれのスタイルのルールセットです。

◆ ハニシュフェヒテンのルールセット（2019年版）

ハニシュフェヒテンでは突きや急所に対する攻撃、倒れた敵を攻撃することが制限付きで許可される代わり、安全性を考慮してラタン製のシミュレーター（剣や槍の形をした練習用の道具）を使用します。

ハニシュフェヒテンのルールは、

【パンチ・キック・レスリングの有無】＋【ルール名】（＋【ルール名】）

という書式で表されます。パンチ・キック・レスリングなしが**ビギナー**、有りが**アドバンス**です。ビギナーまたはアドバンスの次に、勝敗の判定方法を表す**ベーシック**や**カウンテッド・ブロウズ**といったルール名が続きます。

たとえば「ビギナー・ベーシック」は、パンチ・キック・レスリングなしでベーシックルールに従って戦う、という意味になり、「アドバンス・3カウンテッド・ブロウズ・プレート・アズ・プルーフ」は、パンチ・キック・レスリングありで、3カウンテッド・ブロウズかつプレート・アズ・プルーフのルールで戦う、という意味になります。以下、項目ごとに説明していきます。

ビギナー Beginner

パンチ・キック・レスリング禁止。手首から先と膝から下への攻撃禁止。

アドバンス Advanced

パンチ・キック・レスリングあり。膝から下への攻撃あり。関節技禁止。

ベーシック Basic

頭・胴体に武器による**有効打**(5)を入れたらその時点で勝ち。腕・脚に有効打が入ったら、その時点で攻撃された腕や脚は使えなくなる。腕に二回有効打を入れるか、脚に二回有効打を入れても勝ち。ただし、片腕と片脚に有効打を入れた状態で、相手がまだ武器を使える状態であれば、次の有効打が入るまで試合は続行。

カウンテッド・ブロウズ Counted Blows

予め決められた数の有効打を相手より先に入れたほうが勝ち。
頭・胴体・手足の部位に関係なく、「3カウンテッド・ブロウズ」なら3回、「5カウンテッド・

ブロウズ」なら5回、先に有効打を入れたほうが勝ち。

プレート・アズ・プルーフ Plate as Proof

鎧の弱点に対する攻撃のみ有効。装備している鎧によって有効部位が異なる。たとえばプレートメールの場合、板金に覆われている部分に対する攻撃はすべて無効。チェーンメールの場合、鎖のみに覆われている部分はすべて有効部位となる。

(5) 有効打 Good Hit:アーマードバトルの場合、十分に強い打撃でないと相手に対し有効とみなされません。よってシュニット(177ページ)や、手首のスナップだけを使った打撃は無効となります。

◆ ボハートのルールセット(2019年版)

実戦に即したハニシュフェヒテンに対し、ボハートは試合用にデザインされたスパーリングシステムです。鉄製のシミュレーターを使用するため、安全性を考慮し、突きや急所に対する攻撃、倒れた敵に対する攻撃などは一切禁止です。

国内ではSTEEL! 公式戦で適用されるため、STEEL! ルールということもあります。

デュエル Duel

1対1で戦う個人戦のルール。パンチ・キック・レスリングあり。制限時間内に相手により多くの有効打を入れたほうが勝ち。ただしパンチとキックは有効打にカウントされない。ディスアーム(相手の武器を奪う行為)、スローダウン(相手を床に倒す行為)、およびスローダウン後、相手の体に武器で触れた場合はボーナスポイントが付与される。自分のミスで武器を落としたり、一人で転んだり、転んだ後に相手に武器で触れられた場合は、相手にボーナスポイントが付与される。

メーレー Melee

複数対複数で戦う団体戦のルール。パンチ・キック・レスリングあり。制限時間内に相手チームのファイターをより多く倒したチームが勝ち。一度倒されたファイターは、そのラウンドが終了するまで立ってはならない。

鎧の装着手順

アーミングジャケット（上着）とタイツ、中世靴を履いた状態。

中世靴の上にサバトンをつけます。

サバトン。

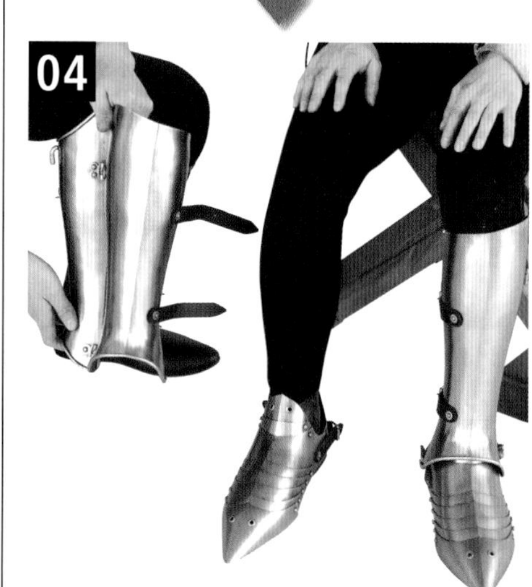

脛を覆うグリーブをつけます。

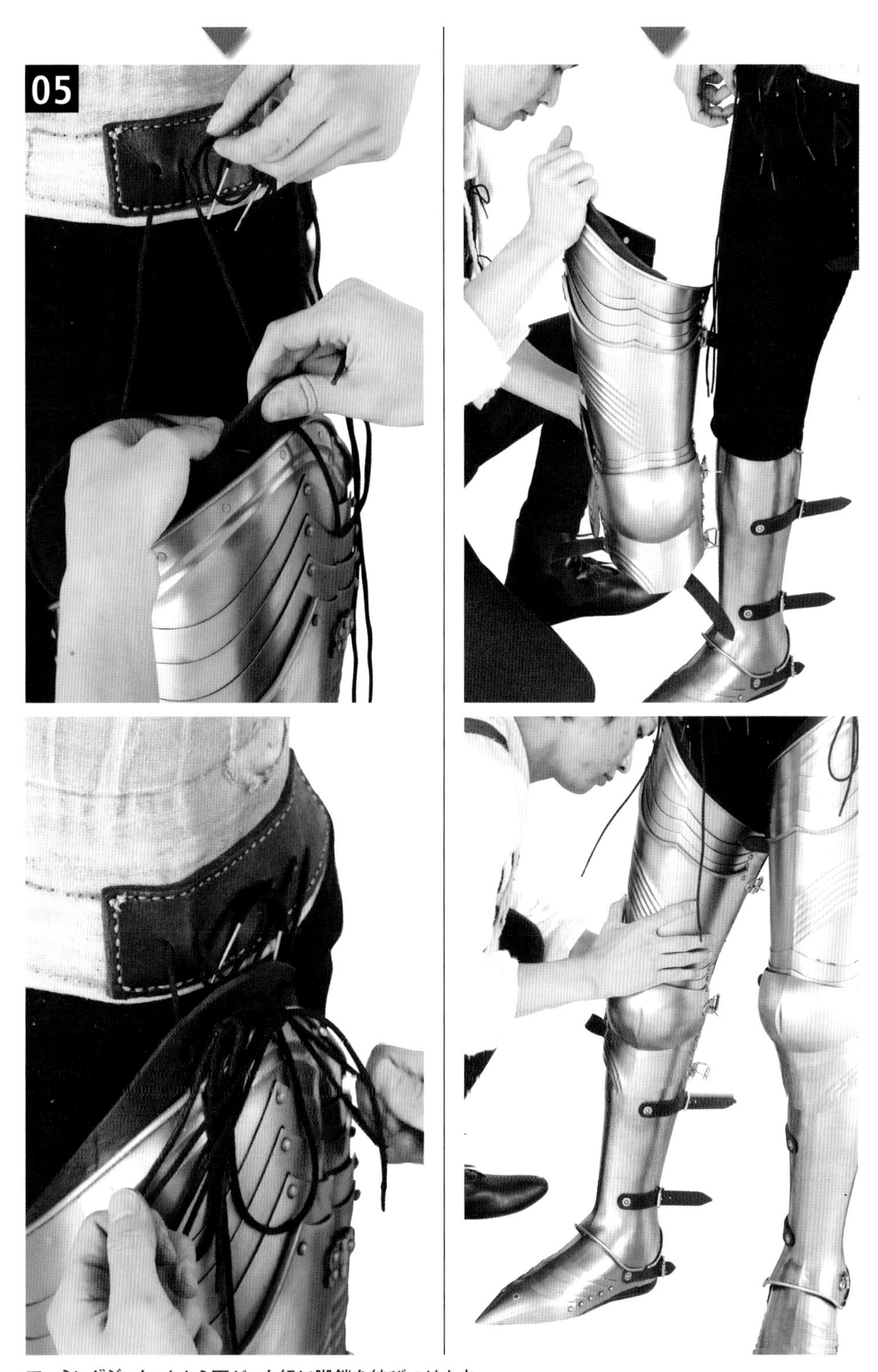

アーミングジャケットから下がった紐に脚鎧を結びつけます。

これで腿から下の鎧をつけ終わりました。

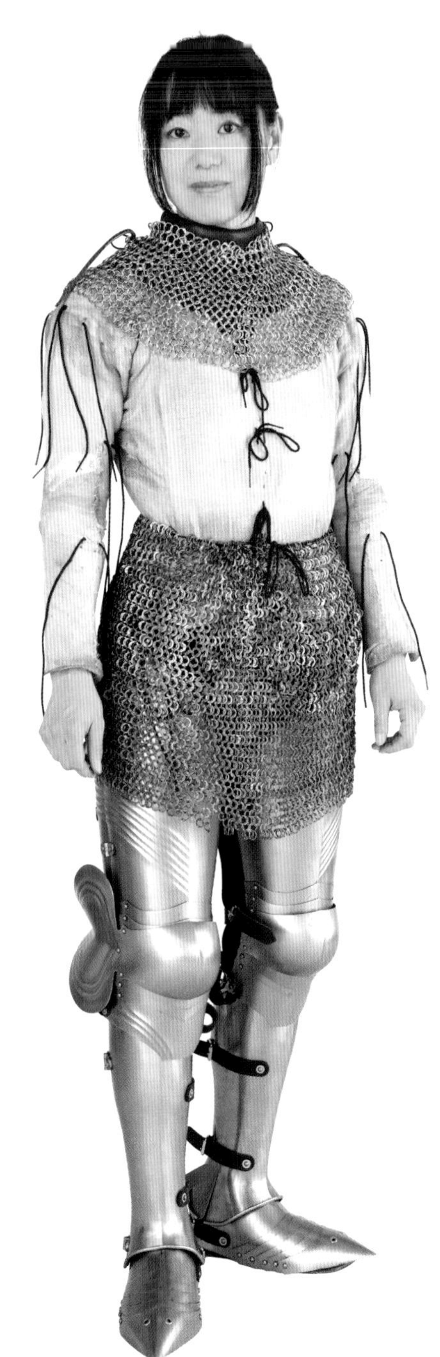

首周りにチェーン(6)、腰にチェーン・スカートをつけます。この他に、ヴォイダーズ Voiders という脇の下の保護用のチェーンをつけることもあります。

(6) 撮影では「チェーン・スタンダード Chain Standard」という防具の代わりに写真のチェーンを利用しました。

08

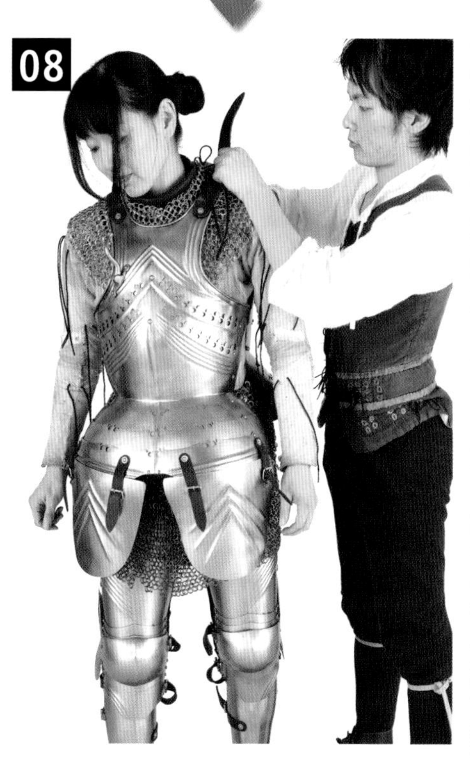

胴鎧をつけ、脇を合わせてピンで留めます。

09

胴鎧までつけたところ。

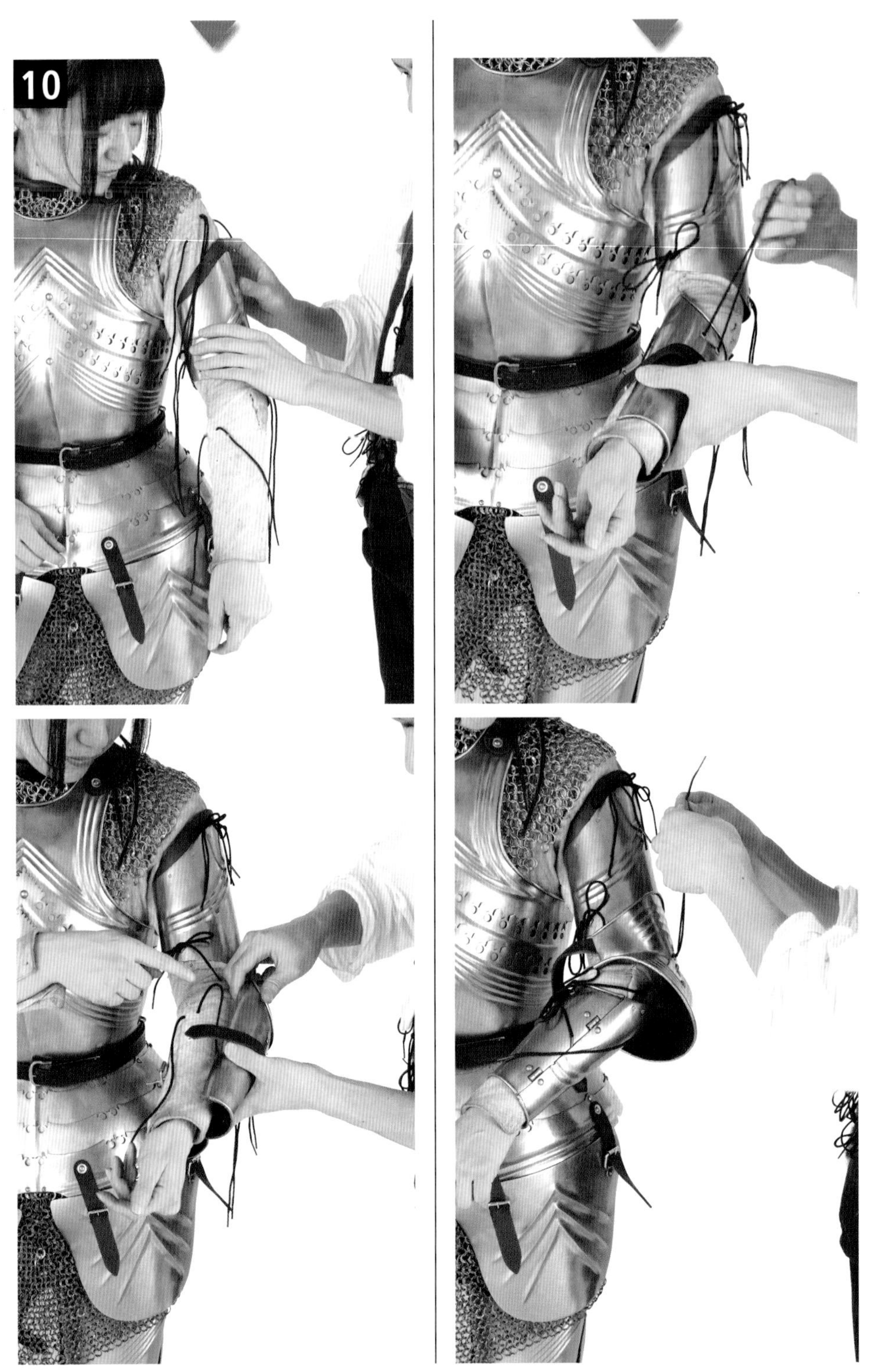

腕鎧をつけていきます。腕鎧は上腕、肘、前腕の3つのパーツに分かれており、それぞれのパーツを紐で結んで繋げます。

11

両腕の鎧までつけたところ。

12

首に巻いたチェーン・スタンダードに肩鎧を結びつけます。

13

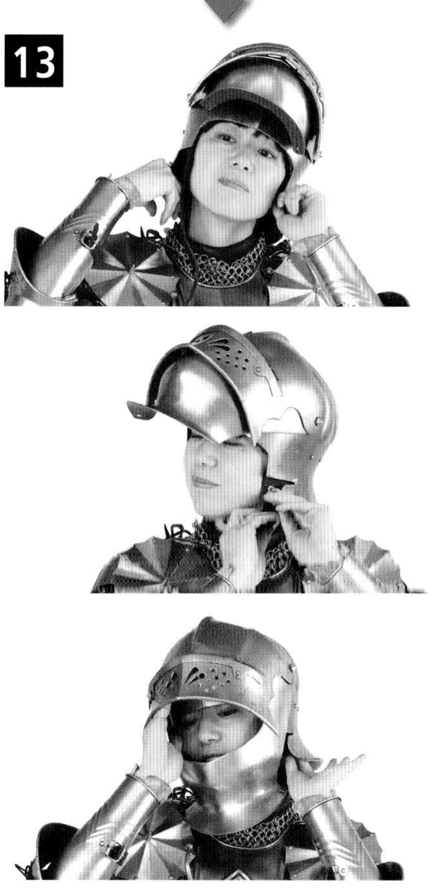

ヘルムを被り、顎紐を締めます。

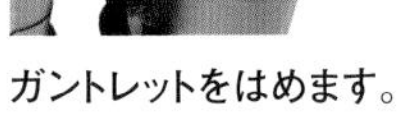
ガントレットをはめます。

練習用の鎧と本物の鎧の違い

The Difference between Practice Armor and Historical Armor

練習用の鎧は、歴史上実在した鎧を元に、素材もデザインも可能なかぎり忠実に再現しています。ただしスポーツとして戦う以上、安全面を考慮して意図的に仕様を変更している部分もあります。

たとえばヘルムの厚みは当時使われていたものより厚く、その分重くなっていますし、首回りには当時は存在しなかった「ゴルジェ」という防具を着けています。ガントレットは、14世紀には5本指のものしかありませんでしたが、練習ではミトン式のものを使います。また男性は格闘技用のファールカップ、女性は骨盤ガードを鎧の下に装着します。

Løgumkloster教会の聖遺物置場に描かれた聖モーリス。「コート・オブ・プレート」と呼ばれる鎧を身に着けている。Wikipediaより

練習用の鎧一式を装着したところ。

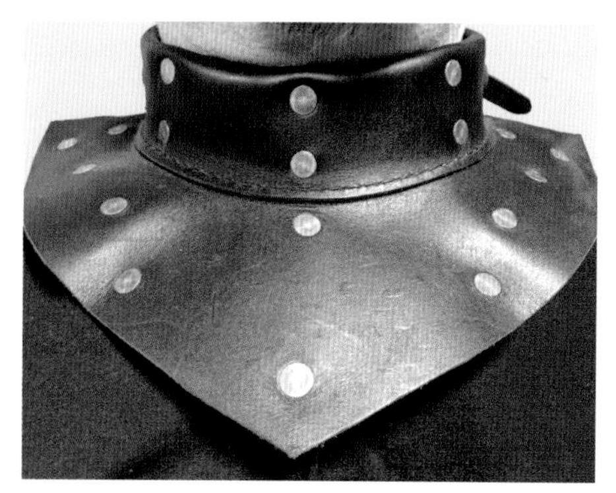

首回りにはゴルジェと呼ばれる防具をつける。

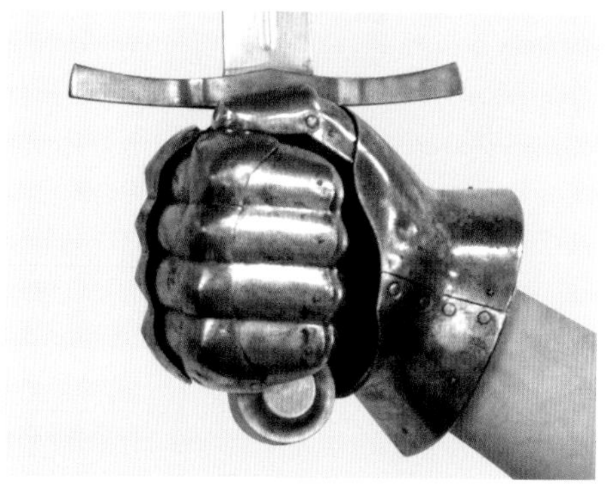

練習用のミトンガントレット。五本指に見えるようにデザインされているが、実際は人差し指から小指までつながっている。

キャッスル・ティンタジェルの沿革

History of Castle Tintagel

キャッスル・ティンタジェルは2008年7月9日、現在地である東京都豊島区目白にジェイ・ノイズが創設した。

当時倉庫であった建物を改築し、現在の本館が誕生。最初の数年間はドイツ剣術（現在のライトバトルの前身）、現在よりシンプルなルールのアーマードバトルを教える他、中世衣装の仕立て方を学ぶソーイングクラス、当時の舞踏を学ぶダンスクラスなど、様々なクラスを開講する。

2013年、フランスで開催されたアーマードバトルの世界大会出場を機に、アーマードバトルの中上級者向けルールとしてパンチ・キック・投げ技を導入。翌年にはライトバトルにも同様のルールを取り入れた。

スクールの方針は一貫して「中世騎士の武道の再現」。そのため、練習用の鎧や武器の材質にもこだわり、可能なかぎり当時の騎士たちと同じ素材、同じ重量のギアを使った稽古をしている。

【連絡先】
TEL：080-3690-8657
〒171-0031　東京都豊島区目白4-13-3　大和倉庫B

【ホームページ】
https://www.castletintagel.com/

著者略歴 Author Biographies

ジェイ・エリック・ノイズ Jay Eric Noyes

1968年、アメリカ・ミズーリ州生まれ。キャッスル・ティンタジェル代表、ジャパン・アーマードバトル・リーグ代表。西洋中世剣術コンサルタント。

【略歴】

1993　アメリカの中世文化再現団体「Society for Creative Anachronism」に所属。
2000　中世文化再現団体「アヴァロン」設立。2010年まで団長を務める。
2006　ドイツ、ブッパータールの古武術スクールにてステファン・ディケに師事。
2007　西洋剣術スクール「ナイトスクール」を創設。
2008　「キャッスル・ティンタジェル」および「ティンタジェル株式会社」創立。
　　　キャッスル・ティンタジェル代表、ティンタジェル株式会社CEOに就任。
2012　アメリカ・中世西洋フェンシングフォーラム決勝戦で優勝。
2013　「ジャパン・アーマードバトル・リーグ」創立。
　　　日本チームを結成し、Battle of the Nationsフランス大会に参戦。
2014　日本チームを結成し、International Medieval Combat Federation（IMCF）スペイン大会に参戦。
2015　日本チームを結成し、IMCFポーランド大会参戦。
2018　「メディーバル・バトル・スポーツシステム(7)」を提唱。

（7）武器を使う中世格闘技のスパーリングルールや競技会のフォーマット、順位のつけ方などを公式化することで、流派の異なる者同士でも試合ができるように考案されたプラットフォーム。

円山夢久 Muku Maruyama

1966年生まれ。作家、ライター、講師。

【略歴】

1999　「リングテイル―勝ち戦の君」で第6回電撃ゲーム小説大賞受賞。
2005～2020　カルチャーセンター・東急セミナーBEにて創作講座を担当。
2010　「大人の文章塾　夢久庵」を創設。

【著作】

「リングテイル」シリーズ（電撃文庫）、「『物語』のつくり方入門　7つのレッスン」（雷鳥社）、「チア☆ダン「女子高生がチアダンスで全米制覇しちゃったホントの話」の真実」（角川文庫）／他

【ホームページ】

大人の文章塾　夢久庵　bunsho-juku.com

協力者の紹介

加川聖香

ジャパン・アーマードバトルリーグ『ドラコーネズ』チーム所属
西洋剣術歴10年
得意武器はロングソード
2015年、ポーランドで開催された世界大会の個人戦ロングソード部門で第3位を獲得

豊田真吾

ジャパン・アーマードバトルリーグ『ドラコーネズ』チーム所属
西洋剣術歴6年
得意武器はソード&シールド
2017年、デンマークで開催された世界大会に出場

セバスチャン・ロンバルド

フランスのトップ3に入るアーマードバトルチーム『マルテル』所属
フランスチームの一員として、2017年から2019年まで3年連続で世界大会に出場したほか、モスクワで開催されたダイナモカップ（2019）、モナコ王子が主催するボハート・プライム（2019）など大会出場歴多数

横山友則

西洋剣術歴11年
得意武器はロングソード
平服用剣術のスタイルが得意
2011年12月剣術大会ロングソード部門優勝
2012年2月剣術大会ロングソード部門優勝
2014年6月剣術大会ロングソード部門優勝

参考文献

本書で、またキャッスル・ティンタジェルで私がお教えしていることは、中世の武術教本（fechtbuch）や画像資料を長年にわたって研究してきた成果です。それらの中から、あなたがご自身で中世武道を学ぶにあたって特に役立つと思われる文献や史料を以下に挙げておきます。

Edelson, Michael. *Cutting with the Medieval Sword: Theory and Application. CreateSpace Independent Publishing Platform, 2017*

Finley, Jessica. *Medieval Wrestling: Modern Practice of a Fifteenth-Century Art. Freelance Academy Press, 2014*

Forgeng, Jeffrey L. *The Medieval Art of Swordsmanship: A Facsimile & Translation of Europe's Oldest Personal Combat Treatise, Royal Armouries MS I.33 (Royal Armouries Monograph). Chivalry Bookshelf, 2010.*

Hagedorn, Dierk.
-- *Jude Lew: Das Fechtbuch Volume 5 of Bibliothek Historischer Kampfkünste. VS-BOOKS, 2017*

Hagedorn, Dierk and Walczak, Bartłomiej. *Medieval Armoured Combat: The 1450 Fencing Manuscript from New Haven. Greenhill Books, 2018.*

Hatcher, Colin (Translator) and Mellow, Tracy (Designer). *The Flower of Battle: MS Ludwig XV13. Tyrant Industries, 2017*

Hull, Jeffrey (with Maziarz, Monica: translator, and Zabinski, Grzegorz: translator). *Knightly Duelling: The Fighting Arts of German Chivalry. Paladin Press, 2008.*

Knight, David James. *Polearms of Paulus Hector Mair. Paladin Press, 2008*

Knight, Hugh. *The Gladiatoria Fechtbuch. Null. Null edition 2009*

Marsden, Richard and Winnick, Benjamin. *The Flower of Battle: MS Latin 11269. Tyrant Industries, 2018.*

Meyer, Joachim (translated by Forgeng, Jeffrey). *The Art of Combat: A German Martial Arts Treatise of 1570. Pen & Sword BOOKS, 2014*

Mitchell, Russ. *Basic Body Mechanics for Martial Artists. Independently published, 2018.*

Rector, Mark. *Medieval Combat : A 15th Century Manual of Swordfighting and Close-Quarter Combat. Greenhill Books/Lionel Leventhal, 2000.*

Tobler, Christian Henry.
-- *In Saint George's Name: An Anthology of Medieval German Fighting Arts. Freelance Academy Press, 2010*
-- *In the Service of the Duke: The 15th Century Fighting Treatise of Paulus Kal. Chivalry Bookshelf, 2006*
-- *Fighting with the German Longsword. Freelance Academy Press; Revised, Expanded edition, 2015.*
-- *Secrets of German Medieval Swordsmanship. Chivalry Bookshelf, 2001, 2009*

Wagner, Paul and Hand, Stephen. *Medieval Art of Sword & Shield: The Combat System of Royal Armories MS I.33. Chivalry Bookshelf, 2010.*

Zabinski, Grzegorz. *The Longsword Teachings of Master Liechtenhauer: The Early Sixteenth Century Swordsmanship Comments in the "Goliath" Manuscript. Wydawnictwo Adam Marszarek. 2014*

Zabinski, Grzegorz and Walczak, Bartlomiej. *Codex Wallerstein: A Medieval Fighting Book from the Fifteenth Century on the Longsword, Falchion, Dagger, and Wrestling. Paladin Press, 2002*

『図説　西洋甲冑武器辞典』著：三浦權利（柏書房株式会社 2000年）

最後にWiktenhaeuerプロジェクトについて特記します。
Wiktenhaeuerは、中世に書かれたオリジナルの原稿と、その翻訳のための無料のオンラインサイトです。研究者のコミュニティにとって、このサイトがどれほど重要な位置をしめるかは疑問の余地なく明らかです。そのコレクションはあまりに膨大であり、ここにすべてをリストすることはできないため、サイトのアドレスのみ表記します。

Wiktenauer : *http://wiktenauer.com*

ビジュアル版　中世騎士の武器術

2020年7月9日　初版発行

著　者　ジェイ・エリック・ノイズ／円山夢久（まるやま むく）
協　力　キャッスル・ティンタジェル（ティンタジェル株式会社）

発行人　福本皇祐
発行所　株式会社新紀元社
〒101-0054　東京都千代田区神田錦町1-7　錦町一丁目ビル2F
Tel 03-3219-0921／Fax 03-3219-0922
http://www.shinkigensha.co.jp/
郵便振替　00110-4-27618

イラスト　福地貴子
デザイン　清水義久
撮　影　小野正志［ホットレンズ］
印刷・製本　株式会社シナノパブリッシングプレス

ISBN 978-4-7753-1554-5
Printed in Japan